Psychologie de l'épicurisme

Jean-Marie Guyau

© 2025, Jean-Marie Guyau (domaine public)
Édition : BoD · Books on Demand, 31 avenue Saint-Rémy, 57600 Forbach, bod@bod.fr
Impression : Libri Plureos GmbH, Friedensallee 273, 22763 Hamburg (Allemagne)
ISBN : 978-2-3225-7006-5
Dépôt légal : Juin 2025

Chapitre 1
La vie et les pensées d'Épicure

I. La vie du philosophe[1].

Épicure fils de Néoclès et de Chérestrate, vint à Athènes à l'âge de dix ans, au temps où, selon Héraclide, Xénocrate enseignait la philosophie dans l'académie, et Aristote dans la *Chalcide*. Il y aurait vécu jusqu'à la mort d'Alexandre le Grand. Athènes étant alors sous la tyrannie de Perdiccas, il revint à Colophon chez son père, où, ayant demeuré quelque temps et assemblé quelques écoliers, il retourna une seconde fois à Athènes pendant le gouvernement d'Anaxicrate. Il professa la philosophie parmi la foule jusqu'à ce qu'il se fit chef de la secte des *épicuriens*.

Épicure écrit lui-même qu'il avait quatorze ans lorsqu'il commença à s'attacher à l'étude de la philosophie. Apollodore, un de ses sectateurs, assure, dans le premier livre de la *Vie d'Épicure*, qu'il s'appliqua à cette connaissance universelle des choses par le mépris que lui donna l'ignorance des grammairiens, qui ne lui purent jamais donner aucun éclaircissement surtout ce qu'Hésiode avait dit du chaos. Hermippus écrit qu'il fut maître d'école, et qu'étant ensuite tombé sur les livres de Démocrite, il se donna tout entier à la philosophie ; c'est ce qui a fait dire de lui à Timon : « Vient enfin de Samos le dernier des physiciens, un maître d'école, un effronté, et le plus misérable des hommes. »

La perpétuité de son école triompha de ses envieux ; et parmi la décadence de tant d'autres sectes, la sienne se conserva toujours, par une foule continuelle de disciples qui se succédaient les uns aux autres.

Sa vertu fut marquée en d'illustres caractères, par la reconnaissance et la piété qu'il eut envers ses parents, et par la douceur avec laquelle il traita ses esclaves ; témoin son testament, où il donna la liberté à ceux qui avaient cultivé la philosophie avec lui, et particulièrement au fameux Mus, dont nous avons déjà parlé.

Cette même vertu fut enfin généralement connue par la bonté de son naturel, qui lui fit donner universellement à tout le monde des marques d'honnêteté et de bienveillance. Sa piété envers les dieux et son amour pour sa patrie ne se démentirent jamais jusqu'à la fin de ses jours. Ce philosophe eut une modestie si extraordinaire, qu'il ne voulut jamais se mêler d'aucune charge de la république.

Il est certain néanmoins que, malgré les troubles qui affligèrent la Grèce, il y passa toute sa vie, excepté deux ou trois voyages qu'il fit sur les confins de l'Ionie pour visiter ses amis, qui s'assemblaient de tous côtés pour venir vivre avec lui dans ce jardin, qu'il avait acheté pour prix de quatre-vingts mines. C'est ce que rapporte Apollodore.

Ce fut là que Dioclès raconte, dans son livre de l'Incursion, qu'ils gardaient une sobriété admirable, et se contentaient d'une nourriture très médiocre. « Un demi-setier de vin leur suffisait, dit-il, et leur breuvage ordinaire n'était que de l'eau. »

Il ajoute qu'Épicure n'approuvait pas la communauté de biens entre ses sectateurs, contre le sentiment de Pythagore, qui voulait que toutes choses fussent communes entre amis, parce que, disait notre philosophe, c'était là plutôt le caractère de la défiance que de l'amitié.

Il écrit lui-même dans ses Épîtres qu'il était content d'avoir de l'eau et du pain bis.

« Envoyez-moi, dit ce philosophe à un de ses amis, un peu de fromage cythridien, afin que je fasse un repas plus excellent lorsque l'envie m'en prendra. »

Voilà quel était celui qui avait la réputation d'établir le souverain bien dans la volupté. Athénée fait son éloge dans l'épigramme suivante :

Mortels, pourquoi courez-vous après tout ce qui fait le sujet de vos peines ? Vous êtes insatiables pour l'acquisition des richesses, vous les recherchez parmi les querelles et les combats, quoique néanmoins la nature les ait bornées, et qu'elle soit contente de peu pour sa conservation ; mais vos désirs n'ont point de bornes. Consultez sur cette matière le sage fils de Néoclès ; il n'eut d'autre maître que les Muses, ou le trépied d'Apollon.

Cette vérité sera beaucoup mieux éclaircie dans la suite par ses dogmes et par ses propres paroles.

Il s'attachait particulièrement, si l'on en croit Dioclès, à l'opinion d'Anaxagore entre les anciens, quoiqu'en quelques endroits il s'éloignât de ses sentiments. Il suivait aussi Archélaüs, qui avait été le maître de Socrate.

Il dit qu'il exerçait ses écoliers à apprendre par cœur ce qu'il avait écrit. Apollodore a remarqué, dans ses Chroniques, qu'il écouta Lysiphanes et Praxiphanes ; mais Épicure parle tout différemment dans ses Épîtres à Eurydicus ; car il assure qu'il n'eut d'autre maître dans la philosophie que sa propre spéculation, et que ni lui ni Hermachus ne disent point qu'il y ait jamais eu de philosophe appelé Leucippe ; qu'Apollodore néanmoins, sectateur d'Épicure, affirme avoir enseigné Démocrite. Au reste, Démétrius de Magnésie fait foi qu'il fut auditeur de Xénocrate.

Sa diction est proportionnée à la matière qu'il traite ; aussi Aristophane le grammairien le reprend de ce qu'elle n'était point assez élégante : mais sa manière d'écrire a été si pure et si claire, que, dans le livre qu'il a composé de la Rhétorique, il a soutenu qu'il ne fallait exiger de cet art que les règles de se faire entendre facilement.

Au lieu de mettre pour inscription à toutes ses Épîtres ces paroles : « Soyez en santé ; réjouissez-vous ; que la Fortune vous rie ; passez agréablement le temps, » il recommandait toujours de vivre honnêtement.

Il y en a qui, dans la Vie d'Épicure, soutiennent qu'il a pris le livre intitulé Canon ou Règle dans le traité du Trépied, qu'on attribuait à Nausiphane, lequel, selon ces mêmes auteurs, fut son maître, aussi bien que Pamphile le platonicien, qui enseignait dans l'île de Samos. Ils ajoutent qu'il commença d'étudier en philosophie à l' âge de douze ans, et qu'à trente-deux, il l'enseigna publiquement.

Apollodore dit qu'il naquit la troisième année de la cent-neuvième olympiade, le septième jour du mois de gaméléon, sous le gouvernement de Sosigène, et sept ans depuis la mort de Platon.

Il dressa son école dans Mitylène à trente-deux ans, et en passa ensuite cinq à Lampsaque. Étant retourné à Athènes, il y mourut à l'âge de soixante-douze ans, la seconde année de la cent vingt-septième olympiade, sous l'archontat de Pytharatus, et laissa la conduite de son école à Hermachus de Mitylène, fils d'Agémarque.

Le même Hermachus rapporte dans ses Épîtres qu'après avoir été tourmenté par de cruelles douleurs pendant quatorze jours, une rétention d'urine, causée par la gravelle, lui donna la mort.

« C'est dans ce temps, ajoute-t-il, que s'étant fait mettre dans une cuve d'airain pleine d'eau chaude, pour donner quelque intervalle à son mal, et qu'ayant bu un peu de vin, il exhorta ses amis à se souvenir de ses préceptes, et finit sa vie dans cet entretien. »

Voici des vers que nous avons faits sur lui :

« Réjouissez-vous, dit Épicure, en mourant, à ses amis ; gardez mes préceptes. Puis, étant entré dans une cuve pleine d'eau chaude, il prit du vin, et partit aussitôt après pour aller boire des eaux froides de Pluton. »

Telle fut la vie et la mort du philosophe Épicure.

II. La fin désirable, ou les pensées d'Épicure[2]

Ce qui frappe tout d'abord chez Épicure, c'est le caractère pratique, positif de sa doctrine. Aristote avait dit : « La science est d'autant plus haute qu'elle est moins utile. » Epicure prendra juste le contre-pied de cette maxime. On sent qu'en se donnant à la philosophie, il s'est demandé d'abord : « A quoi sert-elle ? »

Ce n'est pas ainsi qu'on voit dans l'histoire procéder l'esprit humain. On le sait, les peuples qui commencent à philosopher font presque toujours de la spéculation pure ; ils pensent, ils cherchent pour penser et pour chercher ; plus tard seulement, quand les philosophes s'aperçoivent qu'ils ont cherché pendant fort longtemps pour trouver fort peu et qu'ils sont en désaccord les uns avec les autres, ils finissent par s'inquiéter, ils craignent d'avoir perdu leur peine : les sceptiques, les Pyrrhon, en voyant leur impuissance et leurs contradictions rient et raillent, mais les utilitaires, plus sérieux, au lieu de condamner l'esprit humain, condamnent la spéculation, ramènent la pensée vers le *moi*, prétendent qu'avant de poursuivre la vérité absolue, il faut chercher la vérité relative et l'utilité, et qui plus est la trouver. Ainsi fit Épicure en Grèce : on peut considérer son système comme une tentative pour arracher l'esprit humain aux écarts des Héraclite, des Platon et des Aristote, en un mot pour régler la pensée humaine sur l'utilité. Platon et Aristote cherchaient le vrai afin d'en déduire le bien ; par réaction, Épicure cherchera le bien pour nous avant le vrai en soi ; il rejettera donc, comme nos positivistes modernes, toute spéculation sur l'abstrait, toute subtilité vaine ; point de détours dans la marche vers le bien : il lui faut une voie unie, facile, droite, de la précision dans les paroles, de la clarté. Ce que nos philosophes appellent métaphysique, il semble le haïr ; néanmoins il sera bien forcé d'en faire lui-même, il en fera trop parfois ; obéissant au développement même de son système et à la nécessité des choses, il s'élèvera à des considérations toutes métaphysiques et accueillera à la fin comme une amie la spéculation désintéressée qu'il avait commencé par repousser en ennemie.

1. – Le premier problème qu'Épicure a dû se poser, c'est le problème pratique par excellence : Que faire ? quel est le but de nos actions, la *fin* de la vie?

Dans la solution de ce problème, on peut suivre deux voies différentes, celle de l'expérience ou celle du raisonnement. D'après l'expérience, quelle est la fin que nous poursuivons et que poursuivent autour de nous tous les êtres vivants ? — C'est le plaisir, avait déjà dit Aristippe, le prédécesseur bien connu d'Epicure ; Epicure à son tour le répète : « Il faut bien que la fin (τέλος) soit pour tous les êtres le plaisir (τὴν ἡδονήν) ; car, à peine sont-ils nés que déjà, par nature et indépendamment de la raison, ils se plaisent dans la jouissance, ils se révoltent contre la peine. » Il y a une idée assez subtile dans cet argument d'Epicure. Qu'on ne vienne pas dire, en effet, qu'en poursuivant le plaisir les êtres font quelque chose de mauvais, car de quel droit pourrait-on les blâmer ? Ce ne pourrait être qu'au nom de la raison. Mais la raison, ici, a-t-elle autorité ? — Elle aurait prise sur eux, s'ils l'avaient choisie préalablement pour maîtresse et pour juge, si, en agissant d'une manière irrationnelle, ils avaient eu la prétention d'agir rationnellement, si en un mot ils ne voulaient le plaisir que d'après une *raison*. Vous pourriez alors leur opposer une raison meilleure. Mais Epicure a prévu cette objection : il fait son procès à l'intelligence, au lieu de l'admettre pour juge du plaisir. C'est naturellement, dit-il, *sans raison* (φυσικῶς καὶ χωρὶς λόγου), qu'on poursuit la jouissance des qu'on est né. « L'animal, dit-il encore, va vers le plaisir avant toute altération de sa nature : c'est la nature même qui juge en lui dans sa pureté et son intégrité. » Et de nouveau, s'appuyant sur cette antique idée que le bien est ce qui est conforme à la nature, le mal ce qui lui est contraire, il ajoute avec une grande force : « La nature seule doit juger de ce qui est conforme ou contraire à la nature. » Epicure oppose ainsi, comme le fait plus d'un philosophe contemporain, la nature au raisonnement, les sens à la pensée et en définitive le monde animal au monde humain.

Le principe de cette théorie naturaliste, qui a sa profondeur, est le suivant : — Partout où la nature agit sans le calcul de la raison, elle ne peut se tromper : où il n'y a aucun raisonnement, il n'y a aucune erreur ; or, chez tous les êtres, l'objet que poursuit la nature est le plaisir : le plaisir, voilà donc bien la fin naturelle de tous les êtres. Ce doit être aussi la fin de l'homme ; ce dernier fera par réflexion ce que les animaux font par instinct : il apprendra de la nature à conduire sa raison.

Outre l'expérience de la nature, Épicure et les Épicuriens invoquent l'impossibilité pour la raison même de concevoir un bien abstrait, dépouillé de tout élément sensible. En effet, comment l'intelligence humaine pourrait-elle, sans être le jouet d'une erreur, concevoir et poursuivre une fin différente de celle que poursuit la nature entière ? Une telle opposition, ne peut exister, selon Épicure, entre la nature et l'intelligence. L'homme qui sent et l'homme qui pense ne sont pas deux êtres, et c'est en réalité de la sensation même que la pensée est née; n'est-ce pas à force de poursuivre le plaisir et d'en jouir que son *image* a fini par pénétrer en nous, par s'y empreindre, par devenir une *idée* ? Et de même n'est-ce pas de la sensation de douleur qu'est née l'idée de la douleur ? Il en est ainsi pour toutes nos autres idées, qui se ramènent à des sensations, conséquemment à des plaisirs ou à des peines, car Épicure n'admet pas de sensations indifférentes ; on ne pense, au fond, que parce qu'on a joui et souffert. L'intelligence humaine, produit complexe de la sensation, se trouve pour ainsi dire toute pénétrée du plaisir et de la douleur : comment alors ne concevrait-elle pas naturellement le plaisir comme désirable et la douleur comme digne d'aversion ? Toutes les parties de nous-mêmes sont ici d'accord. C'est là une de ces idées qu'on pourrait appeler *innées* et universelles (προλήψεις) parce qu'elles proviennent de sensations universellement éprouvées et qu'elles fondent l'intelligence humaine.

Or toute idée de ce genre, toute πρόληψις, a pour caractère propre d'être évidente et claire par elle-même, de telle sorte qu'il suffit de l'appeler par son vrai nom pour qu'elle s'éveille en chacun de nous, de l'exprimer avec exactitude pour que nous en acquérions la pleine conscience. Il suffira donc de nommer le plaisir pour que tous comprennent que c'est là le bien ; le vrai philosophe doit ici plutôt affirmer que raisonner : il parle, et on découvre que sa parole, comme celle des hommes inspirés, se réalise, bien plus qu'elle est déjà réalisée, qu'elle l'était de tout temps, que jusqu'alors on avait été à côté du vrai. Le vrai, le bien, c'est le plaisir : « cela se sent, » et cela se comprend tout ensemble ; c'est le point ou coïncident l'intelligence et les sens, qui au fond ne sont qu'un. « Il suffit d'avoir des sens et d'être de chair, et le plaisir apparaîtra comme un bien; » il apparaîtra ainsi, remarquons-le de nouveau, non-seulement aux sens mêmes et à la chair, mais à l'esprit, car l'esprit, au fond, c'est encore des sens, c'est encore de la chair. « En vérité, s'écrie Epicure, je ne sais comment je pourrais concevoir le bien (τἀγαθόν) si j'en retranchais les plaisirs. »

Il est intéressant d'examiner jusqu'à quel point les philosophes d'alors pouvaient répondre à cette affirmation d'Épicure : il n'y a point pour l'intelligence même d'autre bien réel que le plaisir. Si on n'oppose à Épicure que les principes de la philosophie antique, aura-t-il tort ? Kant lui eût donné raison. La philosophie antique se représentait le bien tantôt comme une chose sensible, tantôt comme, une *idée* abstraite et logique, presque jamais comme une bonté personnelle. C'est ce qu'indique déjà ce terme impersonnel et neutre : le bien. Les philosophes d'alors espéraient découvrir un bien (ἀγαθόν) ou le bien (τἀγαθόν), comme les alchimistes du moyen âge espéraient découvrir de l'or au fond de leurs creusets. Sur la fin de la philosophie grecque, chacun proposait son souverain bien, » et Varron en compta 288. Mais comment trouver une *chose* bonne qui ne se réduirait pas à une chose agréable ?

Hors de la pensée active et de la libre volonté (si elle existe), hors de la *personne*, il n'y a de bien réel et non abstrait que dans le plaisir. Or, les philosophes grecs, sauf Aristote, n'ont guère admis dans la volonté une libre puissance, et ils ont conçu la pensée elle-même d'une manière trop abstraite, trop purement logique. Platon employait encore, pour désigner la Bonté suprême, le terme neutre τἀγαθόν. Quant à la Pensée d'Aristote, éternellement immobile, éternellement plongée dans la contemplation d'elle-même, son *acte* suprême semblait trop consister dans une suprême inaction. Cette conscience tout intellectuelle, où n'entrait nul élément moral, nul vouloir, semblait vide. Les anciens n'eurent donc une conception nette que du souverain *intelligible*, qui se ramène à la vérité, et du souverain *désirable*, qui se ramène au bonheur ; ils ne conçurent pas comme les modernes une souveraine *obligation* qu'une volonté libre s'imposerait à elle-même. Leur morale fut celle de l'intelligence ou celle des sens, plutôt que celle de la volonté.

Aussi, quand Épicure chercha un bien vraiment réel, vraiment vivant, qui fût à la portée de tous et dont personne ne pût douter, on comprend qu'il ait rejeté les doctrines de ses devanciers, et qu'il ait substitué à une fin lointaine, à demi cachée sous les abstractions de la pensée métaphysique, une fin si proche, si sûre, si réelle, semblait-il, et si universellement poursuivie. Selon lui, il faut simplement que l'homme s'abandonne de propos délibéré à l'élan qui emporte vers le plaisir tous les êtres de la nature ; il ne faut point qu'il essaie d'y faire obstacle, son intelligence doit se plier à la nature, non la plier à soi.

D'ailleurs, même en voulant se rendre indépendant du plaisir, y parvient-on dans le fait ? la morale rationaliste ne poursuit-elle pas l'impossible ? En croyant par exemple rechercher la souffrance, la *peine* pour elle-même, le stoïcien rechercherait encore une satisfaction délicate, celle de la vaincre, et, afin de désirer la douleur il commencerait par la transformer en jouissance.

On ne peut, d'une manière générale, rien désirer ni rien *craindre* qui ne nous offre l'image du plaisir et de la douleur. Or, le désir et la crainte sont les seules forces qui nous arrachent au repos. Tous nos mouvements et toutes nos actions se rapportent donc au plaisir. Mais ce à quoi tout se rapporte et qui ne se rapporte à rien, c'est le souverain bien. Le plaisir est donc le souverain bien. « Nous disons que le plaisir est le principe et la fin de la vie heureuse (ἀρχὴ καὶ τέλος τοῦ μακαρίως ζῆν) », s'écrie Epicure avec un vif accent de sincérité ; « nous savons (ἔγνωμεν) qu'il est le bien premier et naturel (ἀγαθὸν πρῶτον καὶ συγγενικόν) ; si nous choisissons ou repoussons quelque chose, c'est à cause du plaisir (ἀπὸ τῆς ἡδονῆς) ; nous courons à sa rencontre (ἐπὶ ταύτην καταντῶμεν), discernant tout bien par la sensation comme règle (ὡς χανόνι τῷ πάθει πᾶν ἀγαθὸν κρίνοτες).

2. – Les principes posés, voyons les conséquences.

La jouissance étant au premier rang, la vertu, dans le sens où le vulgaire prend ce mot, tombera évidemment au second ; la jouissance étant une fin, la vertu ne pourra être qu'un moyen. « Sans le plaisir, dit Epicure, les vertus ne seraient plus ni louables ni désirables. » L'honnête dépouillé de l'agréable n'est rien. « Il faut, dit-il, priser l'honnête, les vertus et les autres choses telles, si elles procurent du plaisir ; si elles n'en procuraient pas (ἐὰν δὲ μὴ παρασκευάζη), il faudrait leur dire adieu. » D'ailleurs, cette dernière hypothèse, comme nous le verrons plus tard, est irréalisable aux yeux d'Epicure.

La vertu épicurienne n'est donc qu'une sorte de monnaie avec laquelle on se procure le plaisir, comme on se procure avec l'or ou l'argent les choses utiles à la vie. On peut être riche de vertu comme on est riche d'argent, mais ces deux sortes de richesse, si elles étaient seules, ne suffiraient point à l'homme, pas plus qu'il ne suffisait à Midas, pour être heureux, de changer en or tout ce qu'il touchait.

Puisque les vertus sont des moyens par rapport au plaisir, il est nécessaire d'organiser rationnellement ces moyens et de les subordonner avec habileté à la fin désirable. C'est l'œuvre de la raison, c'est l'affaire de la science et de la sagesse, φρόνησις.

Epicure va revenir ainsi, par une voie détournée, à la vieille conception de Socrate : on ne peut être vertueux sans être savant; la vertu s'identifie avec la science, surtout avec la science suprême, la philosophie.

Aussi Epicure fait-il de la philosophie un superbe éloge ; ses paroles à Ménécée rappellent la réponse de Socrate au reproche que lui faisait Calliclès de s'attarder dans les études philosophiques : « Que le jeune homme, dit Epicure, n'hésite point à philosopher, que le vieillard ne se fatigue point en philosophant ! L'heure est toujours venue et n'est jamais passée où on peut acquérir la santé de l'âme. Dire qu'il est trop tôt pour philosopher ou trop tard, ce serait dire qu'il n'est pas encore ou qu'il n'est plus temps d'être heureux. Qu'ils philosophent donc tous deux, et le vieillard et le jeune homme ! celui-là afin que, vieillissant, il rajeunisse dans les vrais biens en rendant grâce au passé, celui-ci afin qu'il reste jeune, même pendant la vieillesse, par la confiance dans l'avenir. Méditons sur les moyens de produire le bonheur, car, si nous l'avons, nous avons tout, s'il nous manque, nous faisons tout pour le posséder. » Mais, si Epicure vante en ce langage enthousiaste la philosophie, rappelons-nous bien que ce n'est point pour sa valeur propre, ni comme la plus haute spéculation de l'intelligence : pour lui la philosophie a un but exclusivement pratique.

En effet, « la chose la plus précieuse de la

philosophie, c'est la prudence (φρόνησις), d'où naissent toutes les autres vertus», c'est la « *raison tempérante* » (νήφων λογισμός), en d'autres termes c'est l'art de la conduite, l'art de la direction spirituelle et matérielle. Ainsi la philosophie emprunte son prix à la sagesse pratique, qu'elle se charge de nous procurer. Cette sagesse si désirable a-t-elle donc quelque valeur en elle-même ? Nullement, sa valeur est encore toute relative, et elle perdrait bientôt son prix à nos yeux si, par une hypothèse inadmissible, elle cessait de nous conduire aux jouissances les plus pleines. Autant Socrate, Platon et Aristote abaissaient la sensibilité devant l'intelligence, autant

Epicure abaisse l'intelligence devant la sensibilité ; il emprunte même à Platon plusieurs de ses comparaisons, en les retournant. « De même que nous n'approuvons pas la science des médecins pour elle-même, mais pour la santé ; de même que nous ne louons pas l'art de tenir le gouvernail pour lui-même, mais pour son utilité ; ainsi la sagesse, cet art de la vie, si elle ne servait à rien, ne serait point désirée ; si on la désire, c'est qu'elle est pour ainsi dire l'artisan du plaisir que nous recherchons et voulons nous procurer. » En résumé, vertu, science, sagesse perdraient toute valeur, les unes comme les autres, si elles cessaient de procurer le plaisir. De là cette définition finale qu'Epicure donne de la philosophie : ce n'est pas une science pure et théorique, c'est une règle pratique d'action ; bien plus, elle est elle-même une action, « une *énergie* qui procure, par des discours et des raisonnements, la vie bienheureuse. »

La pensée de l'artiste n'a pas plus de valeur intrinsèque que celle du philosophe : les arts doivent être embrassés pour le plaisir qu'ils procurent ; on fait des poèmes, on s'occupe de musique, de même qu'on commente les auteurs, pour passer le temps.

Ainsi, à mesure que nous voyons se développer le système d'Epicure, nous voyons aussi s'amoindrir le rôle de l'intelligence, de cette partie supérieure par laquelle l'âme, à en croire Socrate, participe au divin : μετέχει τοῦ Θείοῦ. La pensée et la science ont besoin de se justifier en montrant qu'elles mènent au plaisir ; notre intelligence, née des sens, doit être à leur service ou ne pas être. Nous voici loin des Platon et des Aristote. La pensée pure, la pensée sans la *chair,* n'est pour les Epicuriens qu'une image lointaine et décolorée, un tableau effacé où on n'entreverrait plus que des lignes vagues et indécises; encore la pensée nue, telle que la concevait Aristote, est-elle inférieure à cette esquisse même, car avec de simples traits plus ou moins effacés l'imagination pourrait reformer un visage et tout un corps ; mais, quand l'imagination elle-même est supprimée, que peut-il rester ? « Les sens une fois retranchés de l'homme, il n'y a plus rien. »

La plupart des philosophes antiques, selon la remarque ingénieuse de Kant, avaient le mérite d'être très-conséquents avec eux-mêmes, plus conséquents peut-être que les philosophes modernes ; ils n'hésitaient point à mettre au grand jour tout ce que contenaient leurs principes; une fois engagés dans une voie, ils ne reculaient pas. Les Epicuriens vont nous en donner un exemple. Avançant lentement, mais sûrement, ils nous entraîneront de conséquence en conséquence sans que nous puissions leur résister, si ce n'est en contestant l'idée même qui fait le fond de leur système.

Chapitre 2
La transition entre l'épicurisme ancien et l'épicurisme moderne[3].

I. — L'épicurisme fut le dernier des systèmes de philosophie qui survécurent quelque temps encore au christianisme. Il prolongea son existence quatre cents ans après Jésus-Christ. A cette époque, définitivement étouffé, il sembla disparaître entièrement. Cependant, malgré ce triomphe du christianisme, il resta toujours quelque trace de l'esprit épicurien, qui se confondait en somme avec l'esprit d'incrédulité.

L'épicurisme était la seule de toutes les sectes antiques qui fût essentiellement incrédule, qui niât tout miracle, et ne fît aucune part aux sentiments religieux et mystiques dans l'explication des choses. Au contraire, le fond du système stoïcien, par exemple, était une religiosité vague, un panthéisme qui aboutissait à admettre dans le monde une incessante action divine, une perpétuelle providence ou, pour mieux dire, un perpétuel et éternel miracle ; le Stoïcien, croyant à la fatalité et à la prédestination, croyait aux oracles, les consultait, les redoutait, nourrissait, en somme, une bonne partie des superstitions du vulgaire. De même pour les Platoniciens. Le platonisme, qui avait repris une vie nouvelle dans l'école d'Alexandrie, s'y trouvait allié à des doctrines de théurgie et de magie ; il était tout-à-fait incapable de résister à une religion appuyée sur des miracles, alors qu'il cherchait à en produire pour son propre compte. Seul, l'épicurisme était absolument ennemi de toute religion quelle qu'elle fût ; car toute religion repose plus ou moins sur l'idée de création, de providence, de miracle, de solidarité entre le monde et Dieu. Ce n'est donc pas sans raison que le nom d'épicurien devint rapidement synonyme d'incrédule et d'irréligieux.

Quelques siècles après Jésus-Christ, nous voyons déjà les pères de l'Église envelopper dans les mêmes réfutations et les mêmes malédictions les Épicuriens et toute espèce de libres-penseurs. De même le Talmud désigne sous le nom d'Épicuriens les Sadducéens et les libres-penseurs en général. Aux yeux des Juifs comme des Chrétiens, tout incrédule se trouvait ainsi facilement rangé sous le parti d'Epicure, et c'est Epicure qui, parmi les philosophes antiques, apparaissait comme le véritable adversaire du Christ ou de la Bible. Aussi, au commencement du douzième siècle, lorsque un courant d'incrédulité commença à se produire en Europe et surtout en Italie, lorsque des sociétés secrètes se formèrent pour la destruction du christianisme, les plus logiques parmi ces partisans d'un esprit nouveau n'hésitèrent pas à invoquer le nom d'Epicure. À Florence, en 1115, un parti d'Epicuriens se forma, assez fort pour devenir le sujet de troubles sanglants. L'hérésie des Epicuriens, remarque Benvenuto d'Imola, était, entre toutes, celle qui comptait les plus nombreux partisans. « Farinata, dit encore Benvenuto, était chef des Gibelins et croyait, comme Epicure, que le paradis ne doit être cherché qu'en ce monde. Cavalcante avait pour principe : *Unus est interitus hominum et jumentorum.* » Dante place tous ces Epicuriens avec « des milliers d'autres » dans un cercle spécial de son enfer, en des tombeaux de feu. Et cependant l'ami du Dante, le poète Guido Cavalcanti, passait lui-même pour athée et épicurien.

Ainsi le nom d'Epicure se trouvait mêlé aux dissensions du Moyen-âge. On le trouve même cité avec quelque éloge dans l'orthodoxe Jean de Salisbury. Mais c'est surtout avec la Renaissance, avec l'esprit d'examen et de liberté que les idées épicuriennes reprennent toute leur force. Erasme s'efforce en vain de concilier le christianisme et l'épicurisme en montrant que le chrétien est le meilleur disciple d'Epicure. Les Epicuriens, d'instinct ou de raisonnement, sentent bien qu'ils sont pour le christianisme l'ennemi ; ils se cachent, ils se déguisent. Montaigne, cet auteur à double ou triple fond, comme l'appelait Sainte-Beuve, est Pyrrhonien par un côté seulement ; il est Epicurien par l'autre, et appelle la foi à son aide pour recouvrir le tout ; mais en somme, ce qui se dégage de son livre, ce qui en est la « moelle » même, dirait Rabelais, c'est l'épicurisme. Certes, nous ne parlons pas de la cosmologie épicurienne et de l'atomistique ; Montaigne se raille fort des atomes, il ne veut pas entendre parler de toutes ces rêveries ; mais quand il s'agit du principe même de la morale épicurienne, son langage change : « Toutes les opinions du monde en sont là, dit-il, que le plaisir est notre but..... Quoi qu'ils disent, en la vertu même, le dernier but de notre visée, c'est la volupté. Il me plaît de battre leurs oreilles de ce mot qui leur est si fort à contre-cœur. » Ce n'est pas sans raison que Pascal opposera Montaigne à Epictète, comme on avait opposé jadis Epicure à Zénon. Sans doute Montaigne n'a pas de système bien défini, ou, s'il en a, il ne s'échappe que rarement à le formuler, mais il le fera formuler par ses lecteurs, — ce qui revient toujours au même.

Quelques années après la mort de Montaigne, l'épicurisme eut son martyr dans Vanini. Vanini, en effet, eut la langue coupée et fut brûlé à Toulouse bien plus pour ses idées morales et religieuses, où il s'est inspiré d'Epicure et de Lucrèce, que pour ses idées métaphysiques empruntées au péripatétisme.

Enfin, vers la même époque, l'érudition d'un Gassendi devait reconstruire complètement et sans alliage la doctrine épicurienne. Gassendi, versé dans l'histoire et dans la philologie, chercha quelle était la doctrine antique qu'il pouvait opposer avec le plus de force à celle d'Aristote, seule maîtresse encore dans les écoles, et la doctrine d'Epicure lui sembla la plus conforme à son propre esprit en même temps qu'à l'esprit moderne. Aussi dès 1624, c'est-à-dire cinq ans après la mort de Vanini, il écrivit un important ouvrage intitulé : *Exercitationes paradoxicæ adversus Aristoteleos,* dans lequel il exposait déjà la morale d'Epicure. « D'un seul mot, était-il dit dans la préface, l'auteur fait comprendre l'opinion d'Epicure sur le plaisir : il nous montre en effet comment le bien suprême se trouve dans la volupté et comment le mérite des vertus et des actions humaines se mesure d'après ce principe. » Les *Exercitaliones paradoxicæ* étaient tellement audacieuses que Gassendi, après les avoir imprimées et distribuées à ses amis, se décida sur leurs conseils à en brûler cinq livres. Cet ouvrage, même ainsi tronqué, ne resta pas sans influence. Assez longtemps avant le *Discours de la Méthode,* Gassendi avait donc déjà osé attaquer en face la vieille autorité d'Aristote, et cela au nom d'idées inspirées par l'épicurisme et contraires sur beaucoup de points à celles que Descartes émettra plus tard.

On sait comment Gassendi consacra encore d'importants ouvrages, d'une part à la réhabilitation de la doctrine épicurienne, d'autre part à une habile controverse avec Descartes, où il se montre à la fois le disciple d'Epicure et le prédécesseur de Hobbes et de Locke. En somme la plus grande partie de sa vie fut employée à relever Epicure et à l'opposer tout ensemble aux scolastiques et aux cartésiens. Il avait une admiration toute particulière, un véritable culte pour Epicure et on retrouve chez ce moderne le même respect à l'égard du maître qu'on constatait chez les Epicuriens antiques. Il avait entre ses mains deux effigies d'Epicure : l'une lui avait été envoyée par son ami Naude ; l'autre, faite d'après un camée, lui avait été donnée par Henri Dupuy, philologue de Louvain. Gassendi cite lui-même l'inscription laudative dont Dupuy l'avait accompagnée : « Contemple, mon ami, l'âme du grand homme qui respire encore dans ces traits. C'est Epicure, avec son regard et son visage. Contemple cette image qui mérite d'attirer tous les regards. » Quoique Gassendi se trouvât être un peu plus jeune que Hobbes, il fut cependant comme son maître ; car le développement de son esprit avait été plus rapide. Il ne fut pas non plus sans influence sur Descartes lui-même. Enfin, il créa une véritable école, opposée à l'école cartésienne et qui divisait la Sorbonne en deux camps. En reconstituant ainsi l'épicurisme pour en faire la base d'un nouveau système, Gassendi avait bien deviné les tendances de son siècle. Il ne faut pas oublier que le xviiie siècle est en germe dans le xviie. On considère trop souvent ces deux époques de l'histoire à part l'une de l'autre, sans bien voir les liens qui les rattachent. Dès le xviie siècle la foi s'ébranle, l'incrédulité commence à percer de toutes parts ; on peut en juger par Pascal, qui a posé plus nettement qu'aucun autre le dilemme entre l'épicurisme et la foi. La société où a vécu Pascal pendant plusieurs années était « libertine », et par ce mot, au xviie siècle, on n'entendait pas le libertinage des mœurs, mais l'indépendance de la pensée. « Il entendit « faire des discours aux libertins », dit Mme Périer. On commençait à se poser des problèmes, à en chercher la solution. Plus tard, Pascal malade, converti, fanatique, était visité par des gens qui venaient lui demander conseil sur des questions religieuses ou morales ; c'est alors qu'il donnait des coups de coude sur sa ceinture de fer ; ces épines qui déchiraient sa chair n'étaient que l'image de celles qui, suivant l'expression de M. de Saci, « déchiraient son âme. » Et ce mal intérieur dont souffrait un Pascal, tout son siècle le ressentait d'une manière plus ou moins vive.

Toute cette époque oscille entre l'épicurisme rajeuni et le christianisme vieillissant. On se rappelle le fameux épicurien Des Barreaux et la société épicurienne qu'il présidait, dont Chapelle et Théophile Viau faisaient partie. C'était vers Epicure que penchait généralement la jeunesse. En ce mouvement qui agitait les esprits, une idée fit défaut, une idée que le xviiie siècle devait mettre en lumière et chercher, tant bien que mal, à concilier avec les principes de l'épicurisme. A la foi qui s'en allait on n'opposait rien encore ; or, l'incrédulité trop complète est impuissante ; si l'incrédulité l'emporta au xviiie siècle, c'est qu'à la foi religieuse elle opposait un autre genre de foi, à l'amour du Christ un autre genre d'amour, à la divinité l'humanité. Le xviiie siècle tout entier eut foi dans l'humanité, et les utilitaires eux-mêmes se consacrèrent à ce culte désintéressé et actif. C'est dans cette conception nouvelle qu'ils trouveront une force capable de remuer à fond les esprits ; malgré Pascal, l'épicurisme, s'alliant en une certaine mesure au stoïcisme, achèvera la révolution intellectuelle et morale qui commence.

II. — A la même époque où l'épicurisme se relevait en France, il était reconstitué en Angleterre sous une forme originale par Hobbes, l'ami et presque le disciple de Gassendi. Le système de Hobbes, quoique bien connu, mérite une rapide analyse.

Une des tendances caractéristiques de la doctrine épicurienne, c'est la tendance à la *paix*. Pour jouir, en effet, il faut d'abord posséder ; pour posséder, il faut *acquérir* et *conserver ;* or, on ne peut guère acquérir, et encore moins conserver, que dans l'état de paix et dans la sécurité. Aussi nous avons vu Epicure et nous verrons Hobbes parler sans cesse de la paix comme du plus grand des biens, parce qu'il est la première condition de tous les autres.

Seulement il y a sur ce point, entre Epicure et Hobbes, un grave désaccord, qui se traduira par une divergence plus grave encore dans le développement d'abord parallèle des deux systèmes. Epicure en tend avant tout par la paix la sérénité de l'âme, et il ramène cette paix intérieure à l'indépendance absolue, à la liberté complètement indifférente ; cette sécurité dans la liberté étant au fond toute spirituelle, il ne faut pour l'obtenir que des moyens spirituels aussi : il suffit de se détacher des choses par la volonté indifférente et de se retirer en soi. — Hobbes, au contraire, prend le mot de *paix* dans un sens tout matériel et tout extérieur : être en paix, c'est simplement, à ses yeux, n'avoir rien à craindre des autres hommes, c'est acquérir sans rivaux, c'est conserver sans envieux : tout le bonheur est là. Or, les moyens de cette paix matérielle devront être matériels aussi : à quoi servirait la liberté intérieure dont parlait Epicure pour établir l'équilibre entre des forces physiques ennemies ? Il faut que cette prétendue liberté devienne elle-même une force, se revêtisse de chair, entre dans le domaine des luttes physiques ; elle ne peut plus acquérir la paix qu'en la conquérant les armes à la main. Le seul moyen, d'abord pour terminer cette guerre à son profit, puis pour empêcher qu'elle ne recommence, la seule arme et la seule garantie de celui qui veut obtenir le bien-être, ce sera la *puissance matérielle*. La *puissance,* comme moyen de la *paix* ; la paix, comme moyen de la *jouissance* : voilà la morale de Hobbes tout entière. Hobbes admet une nécessité aussi déterminée que la liberté d'Epicure est indeterminée. En nous et autour de nous, il place un mécanisme dont le régulier fonctionnement assure seul notre sécurité, et où l'intensité de notre jouissance peut se calculer exactement d'après l'intensité de notre force. Etre indépendant, c'est être heureux, disait Epicure. Etre fort, c'est être heureux, dit Hobbes.

Qu'on le remarque, dans le système de Hobbes, tout est arrangé sur le même plan, aussi bien l'homme que la cité ; il se plaît dans la vue d'un mécanisme brut, de la force fonctionnant et pliant tout à soi ; il a besoin de placer un maître partout : dans l'Etat c'est le souverain ; dans l'homme c'est l'appétit. Ne faut-il pas qu'on puisse ramener tous les phénomènes à une même cause et les expliquer par une même raison : la force de la nature, qui est elle-même la force de la logique ?

Le fatalisme étant admis, du même coup est supprimé tout bien absolu, tout mal absolu, toute fin vraiment finale. Hobbes a aperçu cette conséquence avec la plus parfaite netteté. Le bien, c'est ce que nous désirons ; le mal, c'est ce que nous fuyons ; tout ce qui est bon l'est seulement par rapport à quelqu'un et à quelque chose : il n'y a rien de bon absolument. Une chose est bonne en tant que désirée, et, en tant que possédée, agréable ; voilà l'unique différence du bien et de l'agréable. Ajoutons que la beauté est simplement la réunion de signes extérieurs promettant quelque bien. Enfin l'utilité se découvre lorsque, au lieu de considérer une chose en elle-même, on considère toute la chaîne des biens ou des maux qu'elle entraîne avec elle. Les choses ne sont pas isolées dans la nature, dit Hobbes en développant les idées épicuriennes, elles forment le plus souvent des séries dont les termes s'impliquent réciproquement. Un bien n'est jamais seul, mais il est suivi de biens qui en augmentent la valeur ou de maux qui l'annulent. La considération de l'utile doit donc dominer celle du bien, du beau et de l'agréable ; l'utile enveloppe et comprend tout.

Le souverain bien, la félicité ou fin dernière peut-elle être atteinte dans la vie, comme le croyaient Epicure ou Zénon ? Nullement ; car, si on pouvait atteindre la fin dernière, on ne manquerait plus de rien ; on ne désirerait plus rien ; donc nul bien n'existerait plus pour nous ; nous ne sentirions plus, nous ne vivrions plus. D'où cette remarquable conséquence, que le plus grand des biens, c'est de « s'avancer en ne rencontrant que peu d'obstacles vers des fins toujours ultérieures; » et que « la jouissance même de la chose désirée est, au moment ou nous jouissons, un désir, c'est-à-dire un mouvement de l'âme qui jouit à travers les parties de la chose dont elle jouit. Car la vie est un mouvement perpétuel, qui, lorsqu'il ne peut s'avancer selon la ligne droite, se change en un mouvement circulaire. » — C'est là une analyse bien fine de la jouissance, mais aussi bien désespérante si on place en elle la fin désirable : car cette fin ne sera désirable que précisément parce qu'elle ne peut être possédée. Epicure eût rejeté cette définition d'un plaisir qu'il eût appelé inférieur et méprisable. Pour lui, on se le rappelle, le vrai plaisir était dans le repos ; Hobbes revient à la doctrine des Cyrénaïques : le plaisir est dans le mouvement, il est le mouvement même. D'une manière générale, agir est un bien, se mouvoir est un bien ; le fait d'avancer vers une fin, de progresser est également un bien : car la vie tout entière est mouvement, action, déploiement de force et progrès. Toutes les peines et les plaisirs, tous les désirs, en un mot toutes les « affections » de l'âme ont leur origine dans la conscience d'une puissance intérieure et solitaire, dont l'expansion sans obstacles ou la limitation suffit à produire l'infinie variété des sentiments.

Reste à considérer non plus *l'homme* en général, mais l'homme dans ses relations avec ses semblables, c'est-à-dire le *citoyen.*

Mettons en présence plusieurs de ces mécanismes que Hobbes a construits avec la sensation et qu'il met en mouvement par l'intérêt ; quels rapports généraux vont s'établir entre eux ? L'homme, pour Hobbes, n'est pas autre chose qu'une sorte de machine à sentir ; c'est une force qui se prend elle-même et elle seule pour fin, qui, dans quelque direction qu'elle semble se lancer, revient toujours après des détours plus ou moins longs à ce même point : « moi. » Qu'à côté de cet homme, on en place un ou plusieurs semblables à lui, cela suffira-t-il à produire la moindre déviation dans la direction suivie, le moindre changement dans la fin poursuivie ? Nullement ; l'homme ne cessera pas plus, en société avec d'autres, de désirer son avantage propre, que la pierre ne cesse, si on la joint à d'autres pierres et qu'on la précipite dans l'espace, de tomber en droite ligne. Qu'on ne parle donc pas à Hobbes de la nature sociable de l'homme : l'homme est par nature égoïste ; aussi la définition d'Aristote : ζῷον πολιτικόν, est-elle fausse ; l'homme n'est point né apte à la société. Déjà Epicure et Métrodore avaient réagi contre la définition aristotélique, en nous montrant dans les hommes à l'état sauvage « des animaux prêts à se dévorer les uns les autres. » Si l'homme, ajoute Hobbes, aimait naturellement l'homme, il l'aimerait en tant qu'homme, et abstraction faite de l'avantage ou de l'honneur qu'il peut en recevoir ; il aimerait donc également tous les hommes ; ce qui n'est pas. Nous ne recherchons pas naturellement la société, mais les avantages qui peuvent en résulter pour nous ; ce que nous aimons dans un compagnon, c'est en premier lieu son utilité, en second lieu sa personne. Si on pouvait aimer l'homme abstraction faite de l'intérêt, comment expliquer l'envie et la médisance ? De quoi s'occupent toutes les sociétés et qu'allons-nous y chercher, sinon le plaisir d'entendre médire du prochain, d'abaisser autrui et de nous élever nous-mêmes à ses dépens ? Non, l'homme n'est pas né sociable ; sa nature le pousse à la domination et non à l'égalité que la société comporte. Il ne s'ensuit pas que l'homme n'ait point le *désir* de la société, il ne s'ensuit même pas que des réunions fortuites soient impossibles ; mais il y a une différence entre le *désir* et la *capacité,* entre des réunions fortuites et des sociétés civiles.

Puisque la société, d'où résulte l'état de paix, n'est pas naturelle ; puisqu'il n'y a rien dans l'homme, excepté son intérêt, qui tende à le rapprocher de l'homme, il est évident que l'état naturel par excellence, l'état primitif, c'est la guerre. Point de milieu entre la société ou la guerre, entre l'harmonie ou la lutte. En effet, tous les mécanismes humains ne tendent qu'à un même but, la jouissance ; il y en aura donc plusieurs parmi eux qui désireront à la fois un même objet de jouissance ; or, si par hypothèse ils ne peuvent jouir à la fois de cet objet ni le diviser, voilà la guerre engagée, voilà la force en œuvre, et c'est la force la plus forte qui l'emportera.

Qu'on ne blâme pas cette victoire de la force ; car en vertu de quoi la blâmerait-on ? N'est-ce pas nécessairement et fatalement que chacun est emporté par le désir ou la répulsion ? Or, ce qui est nécessaire est raisonnable, et ce qui est raisonnable est juste ; c'est un *droit.* Ce mot de *droit* signifie la liberté ou puissance que chacun possède d'user de ses facultés selon la droite raison, c'est-à-dire de poursuivre sa fin naturelle. Cette fin naturelle est la conservation de sa vie et de sa personne. Mais le droit à la fin donne le droit aux moyens nécessaires pour cette fin. Voici donc quelle sera la formule dernière du droit naturel : chacun a le droit d'employer tous les moyens et d'accomplir toutes les actions nécessaires à sa conservation. Or, il n'est pas de chose qui ne puisse sembler à quelqu'un nécessaire à sa conservation : il n'est donc point de chose sur laquelle il n'ait droit ; ainsi, d'après le droit naturel, tout est à tous; la seule mesure de ce droit, c'est l'utilité de chacun ; la seule sanction, la force ; la conséquence, la guerre. Guerre de tous contre tous, voilà tout ensemble le fait premier et le premier droit de la nature.

Qu'on n'objecte pas à Hobbes qu'il accuse la nature humaine : dans ce choc des forces produit par le choc des intérêts, il n'y a point de péché, il n'y a point d'injustice, puisque les lois n'existent pas encore. La justice et l'injustice n'appartiennent point à l'homme en tant qu'homme, mais en tant que citoyen. Dans la nature, la force et la ruse sont des vertus. Ne trouve-t-on pas tout naturel de prendre en voyage des compagnons et des armes, de fermer sa maison par crainte des voleurs ? Les chiens mordent ceux qu'ils ne connaissent point et la nuit ils aboient contre tout le monde : ainsi doivent se conduire les hommes dans l'état de nature. La guerre, n'est-ce pas la loi des peuples sauvages ; n'est-ce pas, même chez nous, la loi des princes et des peuples, entre lesquels l'état de nature subsiste encore ? Quand, au milieu de la discorde, de la défiance, de la faiblesse universelles, un homme secouant et brisant toutes les entraves s'élève soudain sur la tête des autres, peu importe les moyens qu'il a employés, fût-ce Caïn et Abel fût-il sa victime, devant ce représentant de la force ou de la ruse, Hobbes est prêt à s'écrier après Calliclès : C'est en lui que brille dans tout son éclat la justice de la nature.

La conception de la guerre comme état primitif de l'humanité est capitale chez Hobbes. Nous retrouverons plus tard cette doctrine de l'état de guerre universel, fécondée et transformée par la science, dans la théorie naturaliste de « la lutte pour la vie », lutte déclarée non pas seulement par tous les hommes à tous les hommes, mais par tous les êtres à tous les êtres. Ainsi étendue à la nature entière, ainsi élargie et portée hors de l'horizon borné qui la renfermait d'abord, cette loi semble devenir un bien plutôt qu'un mal : elle est le seul moyen de cette sélection qui, pour les êtres inférieurs et même pour l'humanité des premiers âges, rendit seule le progrès possible.

L'état de guerre, une fois déduit de la constitution même de l'homme et solidement établi, comment Hobbes nous en fera-t-il sortir ?

La loi première et fondamentale de la nature, c'est, nous le savons, qu'il faut chercher la paix, car la paix est le plus grand des biens ; or voici la conséquence immédiate de cette loi : pour obtenir la paix désirée, il faut abandonner le droit que la nature nous donnait sur toutes choses et qui produisait la guerre, il faut le transmettre à autrui, à condition qu'autrui nous transmette le sien ; il faut, par exemple, que je dise aux autres hommes : cédez-moi votre droit sur les fruits que je cueille de ma main, et je vous céderai mon droit sur les fruits que vous cueillerez vous-mêmes. Cette translation réciproque, cet échange de droits qui sont naturellement absolus, et qui, par ce merveilleux phénomène de l'échange, se bornent l'un l'autre, – c'est le *contrat,* origine de la société. Le contrat de Hobbes n'est autre chose, sous une forme beaucoup plus compliquée, que le σύμβολον τοῦ συμφέροντος dont parlait déjà Epicure.

Le premier précepte de la loi naturelle, en nous amenant de l'état de guerre au contrat, nous a fait faire un grand pas. Ce n'est pas assez : car l'existence de la société exige non-seulement l'existence de conventions, mais de conventions durables.

Pour que les lois naturelles deviennent ainsi lois ou liens effectifs, la force de la raison ne suffit plus : il faut qu'elles s'appuient sur la crainte et sur une force physique quelconque ; il faut, en d'autres termes, que la menace de la *sanction* accompagne et précède le conseil de la *loi*.

Le premier moyen de mettre la force du côté de la loi, c'est le nombre : plus il y aura de contractants fidèles, plus il y aura de risques à courir pour ceux qui rompraient le contrat. Chacun, apercevant ainsi derrière la force de chacun la force de tous, se sentira tenu en respect : *Satius sibi esse uterque putet manus cohibere quam conserere.* Mais le moraliste ne se laissera point tromper par ce serrement de mains hypocrite, il verra dans le *nombre* et l'*accord* des contractants (*multorum concordia*) la seule cause de la paix.

Pourtant l'accord ne suffit pas à constituer une paix durable. L'accord de tous, en effet, dépend de la volonté de chacun, et la volonté que Hobbes place dans l'homme, c'est-à-dire la prédominance du désir le plus intense, ou du mouvement le plus intense, est essentiellement variable ; il faut donc quelque chose de plus constant, et pour cela de plus nécessaire, conséquemment encore de plus fort. Il faut que toutes les volontés, non-seulement s'accordent entre elles sur certains points, posent certaines règles générales, mais encore qu'elles donnent un corps à ces règles, qu'elles les fassent vivantes et puissantes, qu'elles préposent à leur garde une force physique, une personne. Dans l'accord unanime, les volontés diverses peuvent être considérées comme *une seule volonté* : mais cette unité est une abstraction que le moindre changement chez les divers vouloirs qui la constituent suffit à faire disparaître ; au contraire, si on réalise cette abstraction dans une personne, si on lui donne un représentant et un protecteur, elle subsistera quoi qu'il arrive, prête à faire rentrer dans l'ordre et à ramener vers sa vivante unité quiconque voudrait s'y soustraire. Cette personnification de la volonté de tous soit dans un homme, soit dans une assemblée, c'est ce que Hobbes appelle l'*union* et qu'il distingue soigneusement de l'*accord*.

Ici est le point délicat de la doctrine de Hobbes : jusqu'alors, étant posées les prémisses du système, à savoir l'homme conçu comme animal non sociable et sans liberté, Hobbes en a tiré les conclusions rigoureuses, et il n'était guère possible de prendre sa logique en défaut. Mais, à partir de ce moment, ce ne sera plus seulement le philosophe impartial et consciencieux ; ce sera le défenseur de la monarchie absolue, l'ami et le maître de Charles II. Aussi la déduction va-t-elle cesser d'être exacte : la logique du partisan ne vaut plus celle du penseur.

De même que toute la partie politique des écrits de Hobbes aura moins de valeur scientifique et renfermera moins de vérité, elle aura aussi moins de valeur historique et moins d'influence sur la formation des systèmes postérieurs. Le despotisme dont Hobbes s'est fait l'avocat a été renversé par Guillaume d'Orange et réfuté par Locke; à partir de ce moment, il est entièrement chassé des systèmes utilitaires et épicuriens : Helvétius est libéral ; d'Holbach, Diderot le sont ; Saint-Lambert lui-même, ainsi que Volney ; l'école utilitaire anglaise, sur laquelle la doctrine de Hobbes a exercé une influence énorme, mais qui a su habilement compenser Hobbes par Locke, l'abandonne entièrement à partir de l'endroit où nous sommes arrivés, et suit les principes de son adversaire, qui d'ailleurs, sur bien des points, n'est que son disciple conséquent.

On peut accorder à Hobbes que la volonté de tous, surtout au sortir de l'état de guerre où il nous replace, a besoin de se personnifier en quelques-uns, de se fixer, de s'*unifier* pour ainsi dire. Mais il est possible de produire cette *union* de deux manières, soit en *déléguant* à une assemblée, pour un temps limité, un pouvoir limité ; soit en *aliénant* au profit d'une assemblée ou d'un seul homme, pour un temps illimité, un pouvoir sans limites. Hobbes, comme nous allons le voir, n'examinant que la seconde hypothèse, triomphe trop aisément des partisans de la liberté. Entre un homme souverain ou une assemblée souveraine d'une part, et une assemblée mandataire de l'autre, il y a quelque différence. Hobbes divise le grand traité sur le *Citoyen* en deux parties principales, où il nous montre successivement l'homme à l'état de guerre, de division, d'anarchie : c'est cet état qu'il désigne du nom plus ou moins exact de *Liberté* ; puis, à l'état de guerre succède la paix sous le despotisme absolu : c'est là l'idéal de Hobbes, c'est là l'état qu'il oppose à l'anarchie primitive et qu'il appelle l'*Empire* ; pour lui, l'histoire entière de l'humanité se résume dans ces deux mots : anarchie, empire ; l'un marque le point de départ, l'autre la fin. — Mais, entre ces deux états extrêmes, Hobbes ne semble même pas penser qu'il puisse en exister un autre ; pourtant, entre le despotisme et l'anarchie n'y a-t-il pas place précisément pour cette liberté dont il ne comprend pas le sens ? Nous ne faisons pas ici la critique du système utilitaire de Hobbes, nous voulons simplement remarquer un oubli, une faute de raisonnement qu'il a commise et qui compromettra à la fois, aux yeux du logicien, la vérité, aux yeux de l'historien, le succès de sa doctrine politique. Quoi qu'il en soit, entrons avec lui dans l'examen de l'Empire, cet unique moyen de la paix universelle, qu'eût bien difficilement accepté Epicure, l'ennemi de toute force irrésistible, de tout *fatum.*

Pour passer, dit Hobbes, du simple *accord* à l'*union* proprement dite, il faut que toutes les volontés se *soumettent* ensemble à la volonté d'*un seul.* Cette aliénation de tous en faveur d'un seul ne sera autre chose qu'un nouveau contrat, destiné à assurer le maintien du premier, et dont voici la formule : « Je transmets mon droit à ce souverain, pourvu que tu lui transmettes le tien. » Du reste, ce souverain tout-puissant n'est pas nécessairement un seul individu : ce peut être aussi une collection, une aristocratie, une assemblée démocratique, pourvu que ce soit un corps, une unité, et que son pouvoir soit sans limites ; mais les préférences de Hobbes pour la monarchie pure sont bien marquées; il veut tout ou rien, le despotisme ou l'anarchie, un faisceau indissoluble ou une lutte de toutes les forces ; il est l'ennemi des tempéraments, de ces « trois pouvoirs étonnés du nœud qui les rassemble, » de ces gouvernements où la division, en attendant qu'elle fasse éclater la guerre future, produit l'impuissance actuelle : la force, voilà le dernier mot de sa politique, comme de sa morale et de sa psychologie. Lorsque tous auront ainsi soumis leurs volontés et transmis leurs droits à un seul, celui-ci en acquerra de si grandes forces, « que, par la terreur qu'elles inspireront, il pourra conformer les volontés de chacun à l'unité et à la paix. »

Par ce contrat et cette aliénation de tous les droits, la cité est formée, la cité, cette chose merveilleuse, cette harmonie artificielle de forces naturellement discordantes, cet admirable monstre dont les parties si diverses, prêtes à s'échapper et à se disperser en tous sens, ne demeurent unies que parle seul attrait de l'intérêt et par le seul lien de la puissance. Quand Hobbes a construit cet être étrange avec toutes les ressources de son génie, s'étonnant de sa propre œuvre, il l'admire et lui cherche un nom symbolique. Après avoir ainsi créé, fait grandir, élevé à la suprême puissance ce souverain *roi,* cette personne civile en qui il fait respirer, vivre et marcher l'Etat, que lui reste-t-il à faire, si ce n'est à le déifier et à l'adorer ? Cet être merveilleux est plus divin qu'humain : il est le dieu mortel, Léviathan. Ainsi nos ancêtres entouraient d'une horreur religieuse ces blocs gigantesques qu'ils avaient dressés de leurs propres mains et qui, branlant sans tomber jamais, menaçaient éternellement les adorateurs agenouillés à leurs pieds. Le dieu de Hobbes, comme celui des premiers peuples, est le dieu de la force ; c'est surtout pour cela, peut-être, qu'il est un dieu mortel.

En somme, la partie politique du système de Hobbes, que nous n'exposerons pas ici dans tous ses détails, ne manque ni de vigueur ni de logique : dès qu'on admet un *souverain* quelconque, et non plus seulement un *mandataire,* toutes les conséquences auxquelles aboutit Hobbes doivent être acceptées d'avance. Sa politique pêche donc surtout par le principe dont elle est déduite, et elle périra avec lui. Ce que les successeurs de Hobbes garderont en le transformant, c'est le vaste système sensualiste et naturaliste dont Hobbes a été le rénovateur dans les temps modernes, comme Epicure et Démocrite en avaient été les créateurs dans l'antiquité. Hobbes, en effet, a exercé une influence énorme sur le développement des idées épicuriennes, soit en France, soit en Angleterre. Nous retrouverons presque tous ses principes dans Helvétius et dans son traducteur D'Holbach. Enfin plusieurs de ses idées ont passé chez ses adversaires mêmes, et on peut le dire, il n'a pas été moins utile à la cause qu'il combattait qu'à celle qu'il servait. C'est lui, en effet, qui a le premier essayé de traiter la morale et la politique comme des sciences déductives, de les enchaîner avec toute la rigueur de la logique ; jusqu'alors on avait surtout, en politique, cherché à observer ; lui, il a voulu démontrer. Il s'indigne contre ceux qui prétendent qu'on ne peut traiter philosophiquement des principes de l'Etat. — Si ces principes, dit-on, pouvaient être démontrés, ils le seraient déjà. — Mais, répond Hobbes, n'y a-t-il pas eu une époque où les hommes ne savaient pas bâtir ? ils l'ont appris ; on apprendra de même à construire, avec le seul secours du raisonnement, cet édifice politique qui semble aujourd'hui l'œuvre du hasard. La politique et l'éthique sont des sciences, et peuvent se démontrer *a priori*.

Maintenant si, ne voyant dans Hobbes que le continuateur d'Epicure, nous nous demandons ce que l'épicurisme a gagné entre ses mains, nous trouvons son système plus profond, mais moins large. Nous sommes loin aussi de ce que l'épicurisme offrait d'attrayant : l'idée qu'Epicure se faisait de l'intérêt était vaste et synthétique, et le rôle qu'y jouait la force physique restait complètement effacé. Hobbes, lui, ne saisit dans l'intérêt que le côté le plus mécanique, et approfondissant l'étroite idée qu'il s'en fait, il aboutit à placer le plus grand intérêt dans la force. Aussi Hobbes s'est-il fait l'apôtre de la force, comme d'autres se sont fait les apôtres de la douceur et de la bienveillance.

Son système est surtout remarquable par la rigueur scientifique. Il est enchaîné, en général, avec une force logique aussi irrésistible que la force matérielle qui enchaîne sa cité et son citoyen ; mais aussi, jamais le moindre élan de sensibilité, jamais le moindre précepte de philanthropie, de bienveillance, de charité, comme on en peut retrouver dans d'Holbach, Diderot et les Epicuriens du xviiime siècle ; au lieu de cela, la déduction la plus serrée et la plus fatale. Hobbes est une sorte de logicien misanthrope ; il croit à la dépravation naturelle de l'homme : *pravitas generis humani*. Son système moral, étant donnés les principes du sensualisme, n'est guère faible que par un point, et c'est par ce point aussi qu'a été éprouvée pratiquement la faiblesse de son système politique : je veux parler de cette conception, fondamentale chez lui, d'une puissance physique et despotique comme condition du bien-être et de la paix pour l'individu. « Quelle paix ! dira Montesquieu. Le silence d'une ville que l'ennemi vient d'occuper. »

Chapitre 3
La Rochefoucauld et la psychologie de l'épicurisme.

L'utilité doit être partout et toujours la fin de l'homme, — tel est le principe de tout système épicurien et utilitaire ; mais avant de montrer qu'elle doit être la fin, il est nécessaire de prouver qu'elle peut l'être et l'est déjà en fait. Est-il donc possible de ramener toutes les actions humaines, sans exception, à cette fin unique, l'intérêt. Dans ce simple mot, dans cette seule idée, l'âme entière se résume-t-elle ?

Des considérations pratiques sur le but de nos actions, l'épicurisme devait naturellement passer à l'examen psychologique de nous-mêmes ; il devait essayer de ramener à lui tout ce qui en nous semblait lui échapper. Déjà Epicure avait tenté de curieuses analyses psychologiques : on se rappelle sa théorie de l'amitié et des principales vertus ; on connaît aussi les efforts qu'entreprirent les Epicuriens pour ramener à la recherche de l'intérêt le prétendu héroïsme, comme celui de Manlius Torquatus. Hobbes à son tour avait interprété dans le sens de l'intérêt quelques sentiments importants, comme la pitié, la bienfaisance. La Rochefoucauld, contemporain du philosophe anglais, va sur ce point le continuer ; mais il pénètrera bien plus avant dans l'âme humaine, et il y fera descendre en même temps l'intérêt et l'égoïsme. Peu de psychologues ont égalé la finesse d'analyse de La Rochefoucauld ; aucun n'a saisi avec plus de perspicacité cette partie cachée de tout sentiment humain où va se réfugier, parfois invisible à tous les yeux, une pensée égoïste ; cette pensée « de derrière la tête », La Rochefoucauld l'aperçoit, la saisit et l'amène au jour. Rien ne lui échappe ; les sentiments les plus déliés, il les distingue ; les plus complexes, il les démêle ; les plus sinueux, il les suit ; les plus spontanés, il les explique par des conséquences nécessaires. Il se plaît dans tous les détours du cœur humain ; en a-t-il vu, comme parlait Voltaire, la grande route ?

Tous les plaisirs, avait dit Hobbes, se ramènent à deux principaux : pour le corps, la jouissance ; pour l'âme, la vanité. Hobbes, toutefois, avait surtout insisté sur le premier de ces plaisirs et l'avait confondu avec sa cause ou son moyen immédiat, la force. Dans La Rochefoucauld, au contraire, le second plaisir prédomine et efface tous les autres ; à la puissance physique, à l'*être* grossier de Hobbes, il substitue le *paraître*. Grand seigneur, et entouré de grands seigneurs, il a avec eux vécu, intrigué, flatté le maître ; lorsque, cessant la vie d'homme de cour, il commence celle de penseur ; lorsque, se retirant en lui-même, il s'observe, se scrute, scrute et observe surtout ces gens orgueilleusement hypocrites au milieu desquels il a vécu : alors, n'importe ou il jette ses regards, il n'aperçoit qu'hypocrisie ; derrière l'hypocrisie, la vanité, et derrière tout cela, comme conséquence et comme principe, la bassesse et l'intérêt. En présence d'une telle montre de sentiments et d'un tel vide, il est prêt à s'écrier avec la Bible et Bossuet : Tout n'est que *vanité,* — en prenant ce mot dans son sens strict ; mais il se ravise : sous le vide de la vanité se cache la seule chose qui ne soit pas vaine, l'intérêt et l'égoïsme : tout n'est donc qu'intérêt. Plus cet intérêt se fait petit et se dérobe, plus en réalité il est grand et vif, car plus est grande la vanité ; aussi, pour La Rochefoucauld, la mesure de la vanité, c'est en quelque sorte la peine qu'il éprouve à la découvrir ; plus elle est voilée, pire elle est, et il irait peut-être jusqu'à dire que, la où on ne peut la deviner, c'est là où elle est le plus vivante.

On voit que La Rochefoucauld est avant tout psychologue, quoiqu'il n'ait exercé son analyse psychologique que sur un cercle d'hommes restreint. Il part d'une extrémité opposée, et arrive au même point que Hobbes. Hobbes construit son système presque *a priori*, par la méthode géométrique ; La Rochefoucauld commence par observer les faits, par pénétrer l'âme humaine, puis il classe ses observations, et il en fait un système. Qu'on ne croie pas qu'il ait été moins loin que Hobbes ; qu'on ne se fie pas à l'apparent désordre des *Maximes ;* si elles semblent détachées et décousues, elles n'en sont pas moins intérieurement reliées entre elles par la plus ferme, la plus raisonnée et la plus obstinée croyance à l'égoïsme universel. Cette croyance, la foi religieuse de la Rochefoucauld suffit à peine, sur certains points, à la modérer ou à la dissimuler. C'est là, du reste, ce qui fait la valeur des *Maximes*, et ce qui en a fait l'influence ; La Rochefoucauld n'est pas seulement un auteur de pensées, c'est un penseur, et un penseur systématique : s'il ne l'était pas, il n'aurait pas influé à un tel point sur le développement des idées épicuriennes.

« *Toutes* nos vertus, dit-il, ne sont souvent autre chose qu'un art de paraître honnête. » « La vertu n'irait pas si loin si la vanité ne lui tenait compagnie. » « Ce que le monde nomme vertu n'est d'ordinaire qu'un fantôme formé par nos passions, à qui on donne le nom d'honnête pour faire impunément ce qu'on veut. » « Quelque soin que l'on prenne de couvrir ses passions par des apparences de piété et d'honneur, elles paraissent *toujours* au travers de ces voiles. » « Ce que nous prenons pour des vertus n'est souvent qu'un assemblage de divers intérêts que la fortune ou notre industrie savent arranger. » « Les *vices* entrent dans la composition des *vertus*, comme les poisons dans la composition des remèdes ; la prudence les assemble et les tempère, et elle s'en sert utilement contre les maux de la vie. » — Toutes ces pensées et toutes ces images se résument par cette grande pensée et cette grande image qui affirme nettement le principe de l'épicurisme : « Les vertus se perdent dans l'intérêt comme les fleuves se perdent dans la mer. » — Mais, peut-on dire, de même que certains fleuves, longtemps après avoir quitté le rivage, coulent encore au milieu de l'Océan et changent au loin la couleur de ses eaux, peut-être ces vertus se retrouveront-elles parfois et se montreront-elles plus ou moins effacées et ternies au sein même de l'intérêt dont on veut les envelopper : les ternir, les effacer de plus en plus, en poursuivre et en détruire les moindres traces, en un mot les faire à jamais disparaître dans ce que La Rochefoucauld à lui-même appelé « l'abîme de l'intérêt, » — voilà le but auquel tendra tout entier le livre des *Maximes*.

Si toute action a pour principe l'intérêt, sont menteuses et doubles celles qui ne semblent venir que d'une intention vertueuse et désintéressée : celles-là, le penseur aura pour tâche de les interpréter dans leur vrai sens et d'en dévoiler l'hypocrisie : « Nos actions sont comme des bouts-rimés que chacun fait rapporter à ce qu'il lui plaît. »

Passons en revue les diverses actions, et sous l'apparence de la vertu, distinguons la réalité de l'égoïsme. Vous tous qui croyez, en accomplissant une bonne action, faire suivant l'expression des Grecs une bonne et belle chose, une œuvre parfaite en son genre, une sorte de poëme achevé et durable, vous n'avez fait qu'un bout-rimé, et à cette rime que vous avez seule fournie, chacun peut attacher les vers qu'il lui plaira, remplir comme il l'entendra, de beau ou de laid, de désintéressement ou d'intérêt, de devoir ou d'égoïsme, le vide que vous n'avez pu combler ; votre action a mille sens, suivant la face par où on la regarde ; ou plutôt, dans le fond, elle n'en a qu'un, et ne peut jamais signifier qu'une chose, ne peut jamais répéter qu'un mot : intérêt.

Qu'est-ce, par exemple, que le courage ? « A une grande vanité près, les héros sont faits comme les autres hommes. » « La vanité, la honte et surtout le tempérament font souvent la valeur des hommes et la vertu des femmes. » Du courage militaire, passons au courage purement moral, à la force d'âme : encore et toujours l'intérêt. « La magnanimité est le bon sens de l'orgueil... ; elle méprise tout pour avoir tout ; ...elle rend l'homme maître de lui-même pour le rendre maître de toutes choses. » « La générosité n'est qu'une ambition déguisée... un industrieux emploi du désintéressement pour aller plutôt à un plus grand intérêt. » « La philosophie triomphe des maux passés et des maux à venir; mais les maux présents triomphent d'elle. » « Nous croyons souvent avoir de la constance dans les malheurs, lorsque nous n'avons que de l'abattement; et nous les souffrons sans oser les regarder, comme les poltrons se laissent tuer de peur de se défendre. »

Si l'intérêt est la seule fin, le seul bien est le bien sensible, la mort, terme de tous biens sensibles, sera donc le plus grand des maux pour La Rochefoucauld comme pour Hobbes, qui diffèrent en cela d'Epicure. Devant la mort expirera le courage le plus assuré. Le soleil ni la mort ne se peuvent regarder fixement. » « Ceux qu'on condamne au supplice affectent quelquefois une constance et un mépris qui n'est en effet que la crainte de l'envisager ; cette constance et ce mépris ne sont à leur esprit que ce que le bandeau est à leurs yeux. » « Les plus habiles et les plus braves sont ceux qui prennent de plus honnêtes prétextes pour s'empêcher de considérer la mort ;

mais tout homme qui la sait voir telle qu'elle est, trouve que c'est une chose épouvantable. »

La tempérance comme le courage, et à plus forte raison, est de l'intérêt transformé. « La sobriété est l'amour de la santé, ou l'impuissance de manger beaucoup. » « On voudrait bien manger davantage, mais on craint de se faire du mal. » Après la tempérance proprement dite vient la modération de l'âme, le mépris des richesses, des honneurs. « La modération est la langueur et la paresse de l'âme, comme l'ambition en est l'activité et l'ardeur. » « La modération n'a garde de combattre et de soumettre l'ambition, puisqu'elles ne peuvent se trouver ensemble... ; l'une est la bassesse de l'âme, comme l'autre en est l'élévation. » « La modération des personnes heureuses est le calme de leur humeur, adoucie par la possession du bien... ; c'est une crainte de l'envie et du mépris qui suivent ceux qui s'enivrent de leur bonheur ; c'est une ostentation de la force de notre esprit. » « Le dédain des richesses était, dans les philosophes, un désir caché de venger leur mérite de l'injustice de la fortune ; c'était un secret pour se garantir de l'avilissement de la pauvreté ; c'était un chemin détourné pour aller à la considération, qu'ils ne pouvaient avoir par les richesses. » Quant à l'ambition, que semblent ignorer certains hommes, elle ne leur est peut-être étrangère que parce qu'elle leur est impossible. La haine pour les favoris, en particulier, n'est autre chose que l'amour de la faveur. La modération dans la fortune, comme la modération dans le boire et le manger, n'est donc qu'un effet de l'intérêt bien entendu, de la vanité surtout.

De cette sorte de tempérance dans les biens sensibles, passons à ce qu'on pourrait appeler la tempérance morale, la modestie, l'humilité. La Rochefoucauld, en présence de ces vertus si « chrétiennes, » si opposées en apparence à tout intérêt, semble éprouver un sentiment de respect religieux ; ne savons-nous pas en effet que l'intérêt suprême, c'est l'intérêt de la vanité ? Si donc il est une seule vertu qu'on puisse réellement appeler désintéressée, ce sera celle qui contredit le plus ouvertement l'orgueil, ce sera l'humilité ; elle seule pourra enfin arrêter l'amour-propre ou égoïsme qui pénètre au plus profond de l'âme; elle seule résistera, inexplicable, à tous les efforts du psychologue utilitaire : « L'humilité, » dit La Rochefoucauld, comme pour se rassurer lui-même, « est la véritable preuve des vertus chrétiennes : sans elle nous conservons tous nos défauts, et ils sont seulement couverts par l'orgueil, qui les cache aux autres et souvent à nous-mêmes. »

Pourtant l'humilité, qui semble si loin de l'orgueil, n'y toucherait-elle point dans le fond ? ces deux sentiments ne s'appelleraient-ils pas l'un l'autre ? la vertu suprême n'est peut-être qu'une suprême transformation du premier des intérêts. La Rochefoucauld, en effet, lorsqu'il analyse plus profondément l'humilité, voit encore, presque malgré lui, reculer et fuir l'ombre de vertu qu'il croyait avoir saisie. La pensée sur l'humilité, qu'il a écourtée à dessein dans la seconde édition des Maximes, est l'une des plus remarquables du livre : « L'humilité n'est souvent qu'une feinte soumission dont on se sert pour soumettre tout le monde. C'est un artifice de l'orgueil, qui s'abaisse devant les hommes pour s'élever sur eux. C'est un déguisement et son premier stratagème ; mais quoique ses changements soient presque infinis, et qu'il soit admirable sous toutes sortes de figures, il faut avouer néanmoins qu'il n'est jamais si rare ni si extraordinaire que lorsqu'il se cache sous la forme et sous l'habit de l'humilité : car alors on le voit les yeux baissés, dans une contenance modeste et reposée ; toutes ses paroles sont douces et respectueuses, pleines d'estime pour les autres, et de dédain pour lui-même. C'est l'orgueil qui joue tous ces personnages que l'on prend pour l'humilité. »

La modestie proprement dite, sentiment dérivé de l'humilité morale, est plus maltraitée encore : « Le refus de la louange est un désir d'être loué deux fois. » « On aime mieux dire du mal de soi-même que de n'en point parler. » « La modestie, qui semble refuser les louanges, n'est en effet qu'un désir d'en avoir de plus délicates. »

La vraie modestie n'exclut pas, mais doit plutôt accompagner, une certaine fierté de caractère, un sentiment de la dignité personnelle. Et qu'est-ce que ce noble sentiment de la fierté pour La Rochefoucauld ? « L'orgueil, comme lassé de ses artifices et de ses différentes métamorphoses, se montre avec un visage naturel, et se découvre par sa fierté. De sorte qu'à proprement parler, la fierté est l'éclat et la déclaration de l'orgueil. »

Cette revue des vertus individuelles et privées nous a déjà suffi pour dissiper bien de ces « fantômes auxquels on donne le nom d'honnête. » Après nous être ainsi introduits du premier coup dans le for intérieur de l'homme, et y avoir introduit avec nous l'intérêt, observons ses rapports avec autrui; à mesure que ses sentiments et ses affections s'élargissent, efforçons-nous d'élargir son orgueil, jusqu'à ce que nous ayons enveloppé toutes ses passions secrètes dans ce cercle grandissant et infranchissable de l'intérêt.

L'admiration est un des sentiments qui semblent nous lier à autrui de la manière la plus pure et la plus désintéressée : nullement ; « c'est en quelque sorte se donner part aux belles actions que de les louer de bon cœur. » « C'est plutôt par l'estime de nos propres sentiments que nous exagérons les bonnes qualités des autres, que par l'estime de leur mérite.» « On ne loue d'ordinaire que pour être loué. » « On n'aime point à louer, et on ne loue jamais personne sans intérêt. La louange est une flatterie habile, cachée et délicate, qui satisfait différemment celui qui la donne et celui qui la reçoit : l'un la prend comme une récompense de son mérite, l'autre la donne pour faire remarquer son équité et son discernement. »

De même pour d'autres sentiments, comme la sincérité, la confiance : « D'ordinaire, ce n'est qu'une fine dissimulation pour attirer la confiance des autres. » « L'aversion du mensonge est souvent une imperceptible ambition de rendre nos témoignages considérables et d'attirer à nos paroles un respect de religion. » « La confiance que l'on a en soi fait naître la plus grande partie de celle que l'on a aux autres. » « On se confie le plus souvent par vanité, par envie de parler, par le désir de s'attirer la confiance des autres, et pour faire un échange de secrets. » « C'est un relâchement de l'âme causé par le nombre et par le poids a des choses dont elle est pleine. »

De même pour des vertus plus strictes et qui sembleraient commander catégoriquement à notre volonté : « Il est difficile de distinguer la probité de l'habileté. » La fidélité est une invention de l'amour-propre, par laquelle l'homme, s'érigeant en dépositaire des choses précieuses, se rend lui-même infiniment précieux. De tous les trafics de l'amour-propre, c'est celui où il fait le moins d'avances et de plus grands profits. C'est un raffinement de sa politique, avec lequel il engage les hommes par leurs biens, par leur honneur, par leur liberté et par leur vie, qu'ils sont obligés de confier, en quelques occasions, à élever l'homme fidèle au-dessus de tout le monde. »

La justice est encore plus franchement intéressée : Ce n'est qu'une vive appréhension qu'on ne nous ôte ce qui nous appartient. De là vient cette considération et ce respect pour tous les intérêts du prochain, et cette scrupuleuse application à ne lui faire aucun préjudice..... Sans cette crainte, l'homme ferait des courses continuelles sur les biens des autres. » « On blâme l'injustice, non par l'aversion que l'on a pour elle, mais par le préjudice que l'on en reçoit. » « La justice, dans les juges, n'est que l'amour de leur élévation. »

Pas plus que la justice qui respecte, la bonté qui donne et, en général, toutes les vertus affectives et sociales, ne sont désintéressées : « Qui considérera superficiellement tous les effets de la bonté qui nous fait sortir de nous-mêmes, et qui nous immole continuellement à l'avantage de tout le monde, sera tenté de croire que, lorsqu'elle agit, l'amour-propre s'oublie et s'abandonne lui-même, se laisse dépouiller et appauvrir sans s'en apercevoir, de sorte qu'il semble que l'amour-propre soit la dupe de la bonté. Cependant c'est le plus utile de tous les moyens dont l'amour-propre se sert pour arriver à ses fins ; c'est un chemin dérobé par où il revient à lui-même plus riche et plus abondant ; c'est un désintéressement qu'il met à usure ; c'est enfin un ressort délicat, avec lequel il réunit, il dispose et tourne tous les hommes en sa faveur. » D'autres fois la bonté, pour être moins calculée, n'est pas plus méritoire : « Nul ne mérite d'être loué de sa bonté, s'il n'a pas la force d'être méchant : toute autre bonté n'est le plus souvent que paresse ou impuissance de la volonté. »

A la vertu de la bonté est intimement lié le sentiment de la sympathie ou de la pitié : La Rochefoucauld le ramène, d'une part, avec Hobbes, à une sorte d'affection fatale et pathologique ; d'autre part, à un calcul raffiné de l'intérêt: « La pitié est souvent un sentiment de nos propres maux dans les maux d'autrui. C'est une habile prévoyance des malheurs où nous pouvons tomber. Nous donnons du secours aux autres pour les engager à nous en donner en de semblables occasions, et ces services que nous leur rendons sont, à proprement parler, un bien que nous nous faisons à nous-mêmes par avance. »

Quant à la reconnaissance, « il en est d'elle comme de la bonne foi des marchands : elle entretient le commerce, et nous ne payons pas parce qu'il est juste de nous acquitter, mais pour trouver plus facilement des gens qui nous prêtent. »

Avec la bonté, la sympathie et la reconnaissance mutuelle, nous pouvons créer l'amitié ; il n'y aura en elle rien de plus que dans les éléments qui la composent. « L'amitié la plus désintéressée n'est qu'un commerce où notre amour-propre se propose toujours quelque chose à gagner. » « *Nous ne pouvons rien aimer que par rapport à nous,* et nous ne faisons que suivre notre goût et notre plaisir quand nous préférons nos amis à nous-mêmes. » Voilà le dévouement expliqué par l'intérêt.

L'amour proprement dit n'est qu'une « fièvre des sens. » « Il n'y a pas de passion où l'amour de soi règne si puissamment que dans l'amour. » « Si l'on croit aimer sa maîtresse pour l'amour d'elle, on est bien trompé. » « Ce qui fait que les amants ne s'ennuient point d'être ensemble, c'est qu'ils parlent toujours d'eux-mêmes. » « La sévérité des femmes est un ajustement et un fard qu'elles ajoutent à leur beauté. C'est un attrait fin, délicat, et une douceur déguisée ; » ou bien encore « c'est par aversion qu'elles sont sévères. » « Il y a peu d'honnêtes femmes qui ne soient lasses de leur métier. » On trouve ailleurs une analyse bien fine de la constance en amour. L'esprit de système y éclate avec toute sa subtilité : « C'est une inconstance perpétuelle, qui fait que notre cœur s'attache successivement à toutes les qualités de la personne que nous aimons, donnant tantôt la préférence à l'une, tantôt à l'autre; de sorte que cette constance n'est qu'une inconstance arrêtée et renfermée dans un même sujet. »

Puisque nous n'aimons personne véritablement, les malheurs arrivés à ceux que nous paraissons aimer nous laisseront assez froids : « Nous avons tous assez de force pour supporter le malheur des autres. » « Nous nous consolons aisément des disgrâces de nos amis lorsqu'elles servent à signaler notre tendresse pour eux. » Bien plus, « dans l'adversité de nos meilleurs amis, nous trouvons souvent quelque chose qui ne nous déplaît pas. » — Si, au lieu qu'un malheur passager frappe des êtres aimés, la mort nous les arrache, notre affliction sera-t-elle véritable ? Non ; comme l'orgueil s'humilie, comme l'intérêt se dévoue, ainsi l'égoïsme sait pleurer et contrefaire le désespoir de l'amour : « Il y a, dans les afflictions, diverses sortes d'hypocrisie. Dans l'une, sous prétexte de pleurer la perte d'une personne qui nous est chère, nous nous pleurons nous-mêmes, nous pleurons la diminution de notre bien, de notre plaisir, de notre considération. Ainsi les morts ont l'honneur des larmes qui ne coulent que pour les vivants. Je dis que c'est une espèce d'hypocrisie, parce que, dans ces sortes d'afflictions, on se trompe soi-même. Une autre hypocrisie qui n'est pas si innocente, parce qu'elle impose à tout le monde, c'est l'affliction de certaines personnes qui aspirent à la gloire d'une belle et immortelle douleur. Il y a encore une autre espèce de larmes qui n'ont que de petites sources, qui coulent et se tarissent facilement : on pleure pour avoir la réputation d'être tendre ; on pleure pour être plaint ; on pleure pour être pleuré ; enfin on pleure pour éviter la honte de ne pleurer pas. »

De même que, sous l'amitié et l'amour, nous avons retrouvé la vanité et l'intérêt, ainsi devrons-nous les retrouver dans l'inimitié et la haine ; le principe de l'inimitié, en effet, c'est l'envie, et l'envie n'est-elle pas la vanité blessée ? « Le mal que nous faisons ne nous attire pas tant de persécutions et de haines que nos bonnes qualités. » Une des principales occasions de l'envie, et par là une des plus fréquentes causes de la haine, c'est la surabondance des bienfaits. — Les bienfaits ne sont agréables, avait écrit Tacite, qu'aussi longtemps qu'il nous est possible de les rendre. — Trop de bienfaits irritent, dit Pascal : nous voulons avoir de quoi surpayer la dette. — « Il n'est pas si dangereux, dit aussi La Rochefoucauld, de faire du mal à la plupart des hommes que de leur faire trop de bien. » « Les hommes ne sont pas seulement sujets à perdre le souvenir des bienfaits et des injures ; ils haïssent même ceux qui les ont obligés, et cessent de haïr ceux qui leur ont fait des outrages. » — Comme l'envie, c'est-à-dire au fond l'orgueil, suffit à fomenter les inimitiés, de même la paresse, cette « rémore qui arrête les plus grands vaisseaux, » suffit à les apaiser : on se hait pour l'intérêt de sa vanité, on se réconcilie pour l'intérêt de son repos. « La réconciliation avec nos ennemis n'est qu'un désir de rendre notre condition meilleure, une lassitude de la guerre, et une crainte de quelque mauvais événement. »

Si La Rochefoucauld a distingué dans l'individu les ressorts les plus secrets de la conduite, du moins ne s'est-il guère occupé de la société et des ressorts au moyen desquels le législateur peut y mettre l'ordre et y distribuer le mouvement ; c'est un psychologue dans ses *Pensées,* c'est un politique dans ses *Mémoires ;* ce n'est pas un philosophe politique comme Hobbes. Toutefois, il est permis de croire qu'il eût appliqué volontiers au corps social ce qu'il disait des corps militaires : « La victoire est produite par une infinité d'actions, qui, au lieu de l'avoir pour but, regardent seulement les intérêts particuliers de ceux qui les font, puisque tous ceux qui composent une armée, allant à leur propre gloire et à leur élévation, produisent un bien si grand et si général. »

En outre, on retrouve en germe dans La Rochefoucauld une idée qui jouera plus tard un grand rôle dans les systèmes sociaux d'Helvétius et d'Owen, celle de l'heureuse influence exercée sur l'homme par le désir de la louange. En effet, sans la louange plus ou moins conventionnelle accordée à la vertu, que serait la vertu seule ? Si la louange, quand elle dégénère en flatterie, devient funeste, à un autre point de vue elle est l'utilité suprême, la condition première des vertus. « La louange qu'on a nous donné, dit La Rochefoucauld, sert au moins *à nous fixer dans la pratique des vertus ;* » ne réalise-t-elle pas, en effet, cette merveille de mettre la vanité, c'est-à-dire la passion fixe et dominante de l'homme, au service de la vertu ? Sans elle, emportés d'intérêts en intérêts, nous prendrions ou rejetterions la vertu, comme un instrument utile ou gênant tour à tour, suivant les besoins du moment ; mais « le désir de mériter les louanges qu'on nous donne fortifie notre vertu ; et celles qu'on donne à l'esprit, à la valeur, à la beauté contribuent à les augmenter. »

Puisque l'intérêt est partout, dans la société aussi bien que dans l'individu, comment expliquer enfin ce sentiment très-complexe qui suit l'accomplissement des actions contraires à la vertu, ce sentiment sans cesse donné pour preuve de notre moralité essentielle : le repentir ? La Rochefoucauld n'a pas de peine à ramener d'abord à l'intérêt ce qu'on pourrait appeler le repentir extérieur, l'aveu des fautes : « Nous avouons nos défauts pour réparer par notre sincérité le tort qu'ils nous font dans l'esprit des autres. » Quant au repentir intérieur, « ce n'est pas tant un regret du mal que nous avons fait, qu'une crainte de celui qui nous en peut arriver. »

En résumé, La Rochefoucauld a une doctrine trés-arrêtée et très-raisonnée sur le caractère intéressé de toutes les actions humaines ; il s'accorde avec Epicure, il devance Helvétius et La Mettrie, il va aussi loin que Hobbes. Il est curieux que ces deux penseurs, en employant deux méthodes très-différentes, arrivent au même point : Hobbes emploie surtout la déduction et le raisonnement, La Rochefoucauld emploie surtout l'induction et l'observation ; et tous deux, suivant la même voie, mais en sens inverse, réussissent également à la parcourir dans son entier. De même que Hobbes, de son système physiologique et psychologique, déduit son utilitarisme, voyons comment La Rochefoucauld, de l'utilitarisme posé comme principe, va tirer les conséquences physiologiques et psychologiques.

Si nos actions ne sont produites que par l'intérêt, elles ne sont produites que par le désir du plaisir, c'est-à-dire par la passion, c'est-à-dire encore par une affection venue du dehors et indépendante de notre volonté. Il est peu de pensées sur lesquelles La Rochefoucauld aime plus à revenir que sur le déterminisme de nos actes. Nous sommes esclaves de nos passions ; il ne nous reste qu'à nous laisser faire, à nous laisser conduire, à nous laisser entraîner : la volonté n'est rien, la fortune tout : « La nature fait le mérite, la fortune le met en œuvre. » « Quoique les hommes se flattent de leurs grandes actions, elles ne sont pas souvent les effets d'un grand dessein, mais du hasard. » « *Toutes* nos qualités sont incertaines et douteuses, en bien comme en mal ; et elles sont presque toutes à la merci des occasions. » « Notre sagesse n'est pas moins à la merci de la fortune que nos biens. » « Il faudrait pouvoir répondre de sa fortune pour pouvoir répondre de ce qu'on fera. » « De plusieurs actions différentes que la fortune arrange comme il lui plaît, il s'en fait plusieurs vertus. » « Il semble que nos actions aient des étoiles heureuses ou malheureuses, à qui elles doivent une grande partie de la louange et du blâme qu'on leur donne. »

D'ailleurs, La Rochefoucauld n'est point dupe de ces expressions, *hasard* et *fortune,* dont il se sert : dans le fond, la fortune se ramène à la nécessité et le hasard au destin. Le secret de nos décisions réside tout simplement dans l'équilibre stable ou instable de nos passions ; c'est une affaire de mécanique : « Si nous résistons à nos passions, c'est plus par leur faiblesse que par notre force. » « Le mérite des hommes a sa saison, aussi bien que les fruits. » « L'homme croit souvent se conduire lorsqu'il est conduit; et pendant que par son esprit il tend à un but, son cœur l'entraîne insensiblement à un autre. » Puisque nous ne pouvons agir avec liberté et indépendance, encore moins dépend-il de nous de persévérer dans l'action commencée : il nous est impossible de répondre de nous dans le présent, à plus forte raison dans l'avenir : « La persévérance n'est digne ni de blâme ni de louange, parce qu'elle n'est que la durée des goûts et des sentiments qu'on ne s'ôte et qu'on ne se donne point. » « La durée de nos passions ne dépend pas plus de nous que la durée de notre vie. »

Mais, dira-t-on, n'avons-nous pas le pouvoir de rejeter loin de nous certaines passions ? Si nous sommes en servitude, ne pouvons-nous donc accomplir notre délivrance ? Le plus célèbre représentant de l'utilitarisme anglais, Stuart-Mill, admettra lui-même, quoique déterministe, que nous avons le pouvoir de « modifier notre caractère », de nous affranchir de certaines passions ; et pour cela, suivant lui, il suffit de le désirer. – Mais La Rochefoucauld rejette d'avance tout pouvoir de ce genre. Nous ne pouvons désirer nous modifier que si ce désir nous vient, et il ne peut nous venir que par la diminution et le remplacement d'un autre désir ; donc là où une passion est vaincue, ce n'est pas nous, en réalité, qui triomphons d'elle, c'est une passion contraire. « Il y a dans le cœur humain, dit La Rochefoucauld, une génération perpétuelle de passions, en sorte que la ruine de l'une est presque toujours l'établissement d'une autre. » « Nous ne nous apercevons que des emportements et des mouvements extraordinaires de nos humeurs et de notre tempérament, comme de la violence de la colère ; mais presque personne ne s'aperçoit que ces humeurs ont un cours ordinaire et réglé, qui meut et tourne doucement et imperceptiblement notre volonté à des actions différentes : elles roulent ensemble, s'il faut ainsi dire, et exercent successivement un empire secret en nous-mêmes ; de sorte qu'elles ont une part considérable en toutes nos actions, sans que nous le puissions reconnaître. »

Aussi ne pouvons-nous nous vanter que nous quittons les vices ; ce sont « les vices qui nous quittent. » « On peut dire que les vices nous attendent dans le cours de la vie, comme des hôtes chez qui il faut successivement loger. »

Puisque nous sommes à la merci des désirs et des passions, les passions se contredisant entre elles, nous nous contredisons nous-mêmes : « Bien ne doit tant diminuer la satisfaction que nous avons de nous-mêmes, que de voir que nous désapprouvons dans un temps ce que nous approuvions dans un autre. »

Et maintenant, s'il n'y a rien en nous que des passions, à quoi se ramènent en définitive les passions, à quoi sommes-nous ramenés nous-mêmes ? Aux sensations et les sensations au corps. « Toutes les passions ne sont autre chose que les divers degrés de la chaleur et de la froideur du sang. » « La force et la faiblesse de l'esprit sont mal nommées ; elles ne sont en effet que la bonne et la mauvaise disposition des organes du corps. »

Ainsi, comme Hobbes avait trouvé l'utilitarisme au fond du sensualisme épicurien, La Rochefoucauld retrouve le sensualisme au fond de l'utilitarisme. On ne dira pas, avec la plupart des critiques, que sa doctrine est inconsciente, implicite, flottante ; rien de plus net et, il faut bien le reconnaître, de plus profond. Les épicuriens et les utilitaires, surtout les plus modernes, se sont souvent laissé prendre aux mots généraux et vagues. *Plaisir, bien-être, bonheur,* autant de mobiles qu'ils donnent pour but à notre conduite, sans nous dire aujuste ce que c'est ; est-ce seulement mon plaisir, ou le vôtre ; mon bien-être, ou le vôtre ; mon bonheur, ou le vôtre ? La Rochefoucauld, lui, ne laisse rien dans le vague ; sa tâche, dans l'histoire de l'épicurisme, aura été, pour ainsi dire, de *particulariser* tous les termes, de séparer nettement les intérêts les uns des autres ; de dessiner tous les contours de l'égoïsme ; de découvrir, comme il le dit lui-même, les terres inconnues du pays de l'amour-propre. D'avance il s'efforce d'ôter à ces mots de *sympathie* et de *bienveillance,* qui se retrouveront plus tard dans l'école anglaise, tout ce qu'ils ont d'attrayant, en leur ôtant ce qu'ils ont d'ambigu. Personne n'a, mieux que La Rochefoucauld, sondé la doctrine de l'intérêt ; il en a vu, pour ainsi dire, le fond.

Quelle est donc, en résumé, la dernière unité à laquelle se ramènent ces passions qui semblent agiter l'homme d'une manière si diverse et si contradictoire, et qui pourtant ont toutes la même origine et la même fin ? Il y a d'abord, nous l'avons vu, une passion générale qui domine et embrasse presque toutes les autres, c'est la vanité, c'est l'orgueil. Nous savons l'importance que La Rochefoucauld y attache : « Les passions les plus violentes, dit-il, nous laissent quelquefois du relâche, mais la vanité nous agite toujours. » « L'orgueil est égal chez *tous les hommes,* et *il n'y a de différence* qu'aux moyens (vertus ou vices) et à la manière (honnêteté ou crime) de le mettre au jour. » Il est difficile de trouver une affirmation plus explicite.

Maintenant, l'orgueil lui-même, avec toutes les passions qu'il renferme, rentre et se résume dans une passion plus générale encore : l'amour-propre. L'amour-propre, voilà le centre autour duquel s'accomplissent tous les mouvements de l'âme que nous avons décrits : bien plus, il est l'âme même, il est la vie ; de la vient que nous tombons dans l'inertie et perdons pour ainsi dire connaissance, ou que soudain nous revenons à nous, « selon que notre propre intérêt s'approche de nous ou s'en retire. » « L'amour-propre est l'amour de soi-même, et de toutes choses pour soi… Il ne s'arrête dans les sujets étrangers que comme les abeilles sur les fleurs, pour en tirer ce qui lui est propre… Ses souplesses ne se peuvent représenter ; ses transformations passent celles des métamorphes, et ses raffinements ceux de la chimie. On ne peut sonder la profondeur ni percer les ténèbres de ses abîmes. Là, il est souvent invisible à lui-même. Mais cette obscurité épaisse qui le cache n'empêche pas qu'il ne voie parfaitement ce qui est hors de lui ; en quoi il est semblable à nos yeux… »

À force de sonder dans le cœur de l'homme et d'y retrouver partout l'éternel intérêt, La Rochefoucauld est saisi d'une sorte de vertige et comme d'effroi : le psychologue, souvent si froid et si indifférent, s'émeut. « Voilà », s'écrie-t-il « voilà la peinture de l'amour de soi, dont toute la vie n'est qu'une grande et longue agitation. La mer en est une image sensible, et l'amour-propre trouve dans le flux et le reflux de ses vagues une fidèle expression de la succession turbulente de ses pensées et de ses éternels mouvements. »

On a beaucoup contredit les *maximes* de La Rochefoucauld, on a nié l'exactitude de sa psychologie, on a blâmé sa partialité ; en ce moment, où nous nous contentons d'exposer sa doctrine dans ses rapports avec le développement de l'épicurisme, nous n'avons point à porter sur elle et sur son auteur un jugement spécial. Remarquons seulement que, selon La Rochefoucauld, l'intérêt n'est pas toujours conscient et réfléchi ; il est souvent invisible à lui-même, il se confond avec notre nature même et nous dirige à notre insu. Ainsi comprise, sa doctrine est plus profonde qu'on ne l'entend d'habitude, et elle ne diffère guère de celle des psychologues anglais contemporains.

Ce qui donne, dans le développement de l'épicurisme, un caractère *sui generis* à la doctrine et à la personnalité de La Rochefoucauld, c'est que ce penseur ne s'est pas contenté du principe de l'intérêt ; au lieu de trouver, comme Helvétius, une consolation dans la pensée que toutes les actions humaines se rattachent à un innocent égoïsme ; au lieu d'y trouver, comme Bentham, une lumière », il n'y voit qu'un sujet de désespoir et de misanthropie ; il s'afflige de sa découverte. Ne pouvant dépasser son système par l'intelligence, il le dépasse du moins par le cœur, en le déplorant. Sénèque disait que la doctrine d'Epicure était triste et austère : triste et austère devient aussi celle de La Rochefoucauld. Il se sent morose devant cette « comédie humaine » ou l'amour de soi et l'orgueil, qui se confond avec, « jouent seuls tous les personnages. » « Dans toutes les professions et dans tous les arts, ajoute-t-il, chacun se fait une mine et un extérieur qu'il met en la place de la seule chose dont il veut avoir le mérite, de sorte que tout le monde n'est composé que de mines ; et c'est inutilement que nous travaillons à y trouver rien de réel. »

A vrai dire, sous toutes ces mines, il y a toujours une réalité, c'est l'intérêt et l'orgueil ; mais La Rochefoucauld voudrait y trouver autre chose, et cette chose, toute la finesse de son esprit ne peut pas la découvrir ; aussi son caractère, naturellement mélancolique, s'en aigrit. « J'aurais, ce me semble, » dit-il dans le portrait qu'il fait de lui-même, « une mélancolie assez supportable si je n'en avais point d'autre que celle qui me vient de mon tempérament ; mais il m'en vient tant d'ailleurs, et ce qui m'en vient me remplit de telle sorte l'imagination, que la plupart du temps, ou je rêve sans mot dire, ou je n'ai presque point d'attache à ce que je dis. »

La Rochefoucauld a été, dans son siècle, beaucoup admiré, beaucoup commenté, assez peu compris. C'est un siècle plus tard que devait paraître le livre qui est comme la continuation et l'application sociale des *Maximes,* le livre *De l'esprit.* Si cet ouvrage eut un succès énorme, s'il fonda d'une manière assez durable en France la doctrine de l'utilitarisme, c'est que la lecture universelle de La Rochefoucauld avait préparé tout le monde à la lecture d'Helvétius. Pour se faire une idée de l'influence que La Rochefoucauld a exercée, tant sur le développement des idées épicuriennes et utilitaires que sur leur succès, il faut se rappeler les paroles de Voltaire : « Ses *Mémoires* sont lus, et l'on sait par cœur ses *Pensées.* » Helvétius reconnaît en lui son prédécesseur, et par là même son maître : voici comment, à propos de la confusion commise par certaines personnes entre le mot *amour-propre* et le mot *vanité,* il apprécie les *Pensées* : « Lorsque le célèbre M. La Rochefoucauld dit que l'amour-propre est le principe de toutes nos actions, combien l'ignorance de la signification de ce mot *amour-propre* ne souleva-t-elle pas de gens contre cet illustre auteur !... Il était cependant facile d'apercevoir que l'amour-propre, ou l'amour de soi, n'était autre chose qu'un sentiment gravé en nous par la nature, que ce sentiment se transformait dans chaque homme en vice ou en vertu.... La connaissance de ces idées aurait préservé M. de La Rochefoucauld du reproche tant répété, qu'il voyait l'humanité trop en noir ; *il l'a connue telle qu'elle est.* » Il ne l'a pas seulement connue, — ou cru connaître : il l'a fait connaître à tout le xviiie siècle, et sa doctrine, passant dans Helvétius, d'Holbach, Saint-Lambert, Volney, sortira avec eux de France : elle ira porter son influence jusque chez Bentham et ses nombreux disciples.

Chapitre 4

Spinoza : Conciliation de l'épicurisme et du stoïcisme.

Le vaste système de Spinoza, où ceux d'Épicure et de Hobbes sont absorbés, contient d'avance les théories fondamentales de l'école utilitaire française et anglaise ; mais en même temps il s'efforce de les dépasser en ramenant la morale du bonheur à la morale de l'intelligence et en plaçant le suprême plaisir dans le suprême savoir. Spinoza a exercé une influence directe sur d'Holbach, une influence plus ou moins indirecte sur tous les autres penseurs dont nous nous occuperons plus tard, comme Helvétius.

I. — Négation absolue de tout ce que nous entendons par moralité proprement dite, et réduction de toutes choses, y compris la volonté, aux lois nécessaires de la nature, qui sont les lois nécessaires de l'intelligence : voilà en quelques mots le spinozisme. Il n'y a d'absolu que la nécessité éternelle qui fait exister ce qui existe. Tout le reste est relatif. L'absolu, c'est ce qui est ; et quand nous parlons de ce qui pourrait ou devrait être, nous portons alors de simples jugements sur la perfection et l'imperfection, sur le bien et le mal ; et par une illusion étrange, nous prenons ces jugements pour ce qu'il y a de plus absolu, quand il n'y a rien de plus relatif. Qu'est-ce en effet que la perfection ou l'imperfection, dont les Platoniciens voulaient faire des types absolus de notre intelligence ? Ce sont de simples relations des choses à notre pensée. « Celui qui, après avoir résolu de faire un certain ouvrage, est parvenu à l'accomplir, à le parfaire, dira que son ouvrage est parfait ; et quiconque connaît ou croit connaître l'intention de l'auteur et l'objet qu'il se proposait, dira exactement comme lui. » Vous voyez une maison inachevée ; si l'ouvrier voulait l'achever et n'y est pas parvenu, la maison est imparfaite ; s'il ne voulait la mener que jusqu'au point où elle est, elle est parfaite ; toute perfection est donc relative à la pensée de celui qui agit. D'après cela, avons-nous le droit de dire que les œuvres de la nature sont parfaites ou imparfaites, comme si la nature avait des idées et des intentions, comme si elle se guidait sur les types idéaux que Platon imagine ? « Cette pensée du vulgaire, que la nature est quelquefois en défaut, qu'elle manque son ouvrage et produit des choses imparfaites, je la mets au nombre des chimères. La perfection et l'imperfection ne sont véritablement que des façons de penser, des notions que nous sommes accoutumés à nous faire en comparant les uns aux autres les individus d'une même espèce et d'un même genre. »

Comme la perfection et l'imperfection sont relatives à notre pensée, le bien et le mal sont relatifs à nos désirs, ainsi qu'Epicure et Hobbes l'ont montré. « Une seule et même chose, en effet, peut en même temps être bonne ou mauvaise ou même indifférente. La musique, par exemple, est bonne pour un que. Pour un sourd elle n'est ni bonne ni mauvaise... Le bien et le mal ne marquent rien de positif dans les choses considérées en elles-mêmes. »

Ainsi, quand nous disons qu'une chose est imparfaite, nous la comparons avec ce qu'elle *pourrait* être selon nous ; mais le possible n'est qu'une façon de penser ; car en fait tout est nécessaire. De même quand nous disons qu'une chose est mauvaise, nous la comparons avec ce qu'elle *devrait* être selon nous, c'est-à-dire tout simplement avec ce que nous désirerions qu'elle fut ; nous faisons de nos désirs comme de nos pensées la mesure des choses, et nous créons la chimère d'un ordre moral absolu qui dépasserait l'ordre relatif de la physique et de la logique. Non, c'est la morale qui est relative, et la nature qui est absolue. Tel est, dans toute sa rigueur, le principe métaphysique, plus ou moins caché, de tous les systèmes épicuriens et utilitaires : Spinoza le met en évidence avec une logique inflexible.

Puisqu'il n'y a pas de bien absolu, qu'est-ce que le bien relatif ? — Spinoza répond comme Hobbes et Epicure : « J'entendrai par *bien* ce que nous savons certainement nous être *utile*. » L'utile, à son tour, c'est ce qui produit de la joie, et la joie est causée par la satisfaction du désir : c'est encore la définition épicurienne. Seulement Spinoza y ajoute un complément métaphysique : Le désir est la tendance de l'être à persévérer dans son être. Ce désir est le fond de l'amour de soi, tel que Hobbes et La Rochefoucauld l'ont décrit. « Personne ne s'efforce de conserver son être à cause d'une autre chose que soi-même. »

Le bien, pour un être, c'est de réussir dans cette tendance à se conserver et à satisfaire sa nature ; le bien est donc le *succès,* qui lui-même se réduit à la *puissance ;* et c'est cette puissance que nous appelons vertu : « Vertu et puissance, à mes yeux, c'est tout un. »

Mais celui-là *peut* satisfaire le désir fondamental de conservation, qui *sait* les meilleurs moyens de le satisfaire ; pouvoir, pour un être raisonnable comme l'homme, c'est savoir. La vraie puissance est donc dans la raison, sans laquelle nous ne pourrions calculer avec certitude l'utilité. De là résulte ce théorème : « Agir absolument par vertu, ce n'est autre chose que suivre la raison dans nos actions, dans notre vie, dans la conservation de notre être (trois choses qui n'en font qu'une), et tout cela d'après la règle de l'intérêt propre de chacun. » C'est le théorème fondamental du système utilitaire. « L'essence de la vertu, c'est cet effort même que l'homme fait pour conserver son être ; et le bonheur consiste à pouvoir le conserver en effet. » Ce pouvoir se confond d'ailleurs avec la vertu même, dont l'effort n'était que le fondement et dont le succès est l'achèvement. Aussi y a-t-il identité entre le bonheur et la vertu. « La béatitude n'est pas le prix de la vertu, c'est la vertu elle-même. » Pouvoir réellement se conserver, c'est réussir à se conserver ; agir ainsi, c'est jouir, et jouir c'est être heureux ; mais, d'autre part, agir ainsi, c'est être vertueux ; la vertu n'est donc que le bonheur même, comme tous les épicuriens et utilitaires le soutiennent l'un après l'autre.

II. — L'homme peut être considéré comme individu ou comme membre d'une société : de là deux points de vue relatifs dans cette science toute relative qu'on appelle la morale ou science de la vertu et du bonheur.

Si l'individu est considéré seul, abstraction faite de la société, la vertu consiste pour lui à se procurer le plus grand bonheur possible. Pour cela, il doit satisfaire le mieux possible sa vraie nature. Or, sa vraie nature, c'est la raison, puisque la raison est l'essence de l'homme. L'acte propre de la raison, c'est de comprendre, et comprendre, c'est apercevoir la nécessité des choses. Cette nécessité, c'est la Nature, ou, si l'on veut, c'est Dieu. Par là Spinoza ramène la morale du bonheur à la morale de l'intelligence, l'épicurisme au stoïcisme. « Nous ne tendons, par la raison, à rien autre chose qu'à comprendre ; et l'âme, en tant qu'elle se sert de la raison, ne juge utile pour elle que ce qui la conduit à comprendre. » Rien ne nous est connu comme certainement bon ou mauvais, que ce qui nous conduit à comprendre véritablement les choses, ou ce qui peut nous en éloigner. L'âme n'agit qu'en tant qu'elle comprend ; et ce n'est aussi qu'à ce même titre qu'on peut dire d'une manière absolue que l'âme agit par vertu. Comprendre, voilà donc la vertu absolue de l'âme. Or, le suprême objet de notre intelligence, c'est Dieu. Donc la suprême vertu de l'âme, c'est de comprendre ou de connaître Dieu. »

Comprendre l'absolue nécessité de la nature éternelle, c'est comprendre ce qui, n'étant soumis qu'à sa propre loi, est libre ; c'est donc comprendre l'éternelle liberté. Par cela même, c'est participer à cette liberté, et s'identifier avec elle. La science de la nécessité ne fait donc qu'un avec la liberté. Encore un principe stoïcien rattaché par Spinoza à l'épicurisme. Le point commun où les deux doctrines viennent se confondre, c'est l'intuition intellectuelle qui couronnait la morale d'Aristote, c'est-à-dire la pensée de l'homme s'identifiant à la pensée divine, ou la conscience de l'éternité. « Nous sentons, nous éprouvons que nous sommes éternels. » Cette conscience, produisant la suprême joie, c'est l'amour de soi véritable, et en même temps c'est l'amour de Dieu. L'idéal mystique des Hébreux et des Chrétiens semble ici se confondre avec les théories morales de l'antiquité, dans la vaste synthèse que propose Spinoza. Sa conception de la nature embrasse tout le reste : l'utilité ou le plus grand bonheur possible, c'est la nature jouissant de soi ; la science et l'intuition intellectuelle, c'est la nature ayant conscience de soi ; la liberté intellectuelle des Stoïciens, qui est la connaissance même de la nécessité, c'est la nature se possédant elle-même ; l'extase mystique, enfin, par laquelle l'individualité s'absorbe dans l'être universel, c'est la nature rentrant en soi et retrouvant son existence éternelle sous ses modes passagers.

III. — Spinoza nous a montré quel est le bien de l'individu ; son bien relatif, c'est ce qui satisfait ses désirs ; son bien absolu, c'est ce qui n'est plus individuel, ce qui n'est plus seulement en relation avec lui, ce qui est universel, absolu et nécessaire : c'est la nature ou Dieu. Car, encore une fois, il n'y a d'absolu que l'être, avec son éternelle nécessité.

Maintenant, l'homme ne peut pas exister seul. En fait il n'est qu'un mode de l'existence inséparable de tous les autres modes ; aussi, pour comprendre, il ne peut se contenter de se connaître lui-même : il faut qu'il connaisse les autres êtres, et principalement ceux qui lui ressemblent ; enfin, pour être heureux, il ne peut davantage se suffire : il faut qu'il reçoive l'aide de ses semblables et des autres êtres : son existence, sa pensée, son désir sont également liés à l'existence, à la pensée, au désir de l'humanité et du monde tout entier. De là un mouvement qui, de l'égoïsme même, va faire sortir la société. D'abord les passions sociales et l'amour d'autrui ne sont que les transformations de l'amour de soi. Cette physique des mœurs que construiront les épicuriens français, cette psychologie des mœurs sous la loi de l'association que construiront les utilitaires anglais, Spinoza les construit d'avance, et fait mieux encore : il fait la géométrie des mœurs. « J'analyserai les actions et les appétits des hommes, comme s'il était question de lignes, de plans et de solides. » Spinoza procède *a priori,* par déduction, et il oppose avec dédain sa méthode à cette « historiole de l'âme, » *hæc historiola animæ,* où se complaît l'école de Bacon. L'effort pour persévérer dans l'être, quand il prend conscience de soi, c'est le désir ; du désir naissent la joie et la tristesse ; voilà le principe de toutes les passions. « L'amour n'est autre chose que la joie accompagnée de l'idée d'une cause extérieure ; la haine est la tristesse accompagnée de l'idée d'une cause extérieure. » Le mécanisme des idées ou « images des choses, » qui fait que telle représentation est liée à telle autre, explique le mécanisme des passions. Spinoza ne se borne pas, comme les utilitaires anglais, à poser empiriquement la loi de l'association des idées ; il déduit cette loi et en tire les conséquences. C'est cette loi qui explique par exemple ce sentiment prétendu irréductible, qui jouera un si grand rôle dans l'école anglaise : la sympathie. « Quelques auteurs, je le sais, ceux-là même qui ont introduit les premiers ces noms de sympathie et d'antipathie, ont voulu représenter par là de certaines qualités occultes des choses ; quant à moi, je crois qu'il est permis d'entendre par ces mots des qualités connues et qui sont même très-manifestes. » La sympathie est réduite à un théorème : — « Par cela seul que nous apercevons, que nous nous représentons un objet qui nous est semblable (par exemple un autre homme) comme affecté d'une certaine passion, bien que cet objet ne nous en ait jamais fait éprouver aucune autre, nous ressentons une passion semblable à la sienne. » De là dérivent tout ensemble, par une conséquence originale, et la *pitié* et l'*émulation*. « Cette communication d'affection, relativement à la tristesse, se nomme *commisération* ; mais, relativement au désir, c'est l'*émulalion,* laquelle n'est donc que le *désir d'une chose produit en nous parce que nous nous représentons nos semblables animés du même désir.* Si la chose désirée ne peut appartenir aux deux à la fois, voila l'émulation changée en envie. » C'est ce qui prouve qu'un même mécanisme, suivant la résultante finale, fait la vertu ou le vice.

Parmi ces théorèmes il en est un d'une importance capitale, celui qui traite de l'amour d'autrui. « C'est une propriété de l'amour de vouloir s'unir à l'objet aimé ; mais je n'entends pas par ce *vouloir* un consentement de l'âme, une détermination délibérée, une *libre décision* enfin ; car tout cela est fantastique. » Voilà la question fondamentale, non seulement dans la psychologie, mais dans la morale même. Si nous ne sommes pas moralement libres, il n'y a plus en nous que des désirs et des intérêts ; l'amour exclusif des autres, l'entier désintéressement n'est donc qu'une apparence ; l'amour de soi est la réalité, et les Épicuriens ont gain de cause. Spinoza, tout en rejetant la liberté, reconnaît qu'elle fait pour nous le prix de l'amour, et il écrit ce théorème sur lequel M. Fouillée a attiré l'attention dans son *Histoire de la philosophie* : « Une même cause doit nous faire éprouver pour un être que nous croyons libre plus d'amour ou plus de haine que pour un être nécessité... Si nous nous imaginons l'être qui est la cause de l'impression reçue comme nécessité, alors nous croirons qu'il n'en est pas tout seul la cause, mais avec lui beaucoup d'autres êtres, et conséquemment nous éprouvons pour lui moins de haine ou d'amour. Il suit de là que les hommes, dans la persuasion où ils sont de leur liberté, doivent ressentir les uns pour les autres plus d'amour et plus de haine que pour les autres êtres. » En dernière analyse, l'amour est réduit a une illusion, et c'est la aussi, ce semble, le dernier mot du système épicurien.

Pourtant, il faut arriver à établir entre les hommes, sinon l'amour, du moins les apparences et l'équivalent de l'amour. C'est le problème social.

Pour le résoudre il n'y a qu'un moyen : faire coïncider l'intérêt de l'un avec les intérêts de l'autre ; c'est le moyen que tous les épicuriens s'efforceront de trouver, depuis Épicure lui-même jusqu'à Helvétius.

D'où vient l'opposition entre les hommes ? De l'opposition qui existe entre leurs passions. « Les hommes, en tant qu'ils sont livrés au conflit des affections passives, peuvent être contraires les uns aux autres. » Les intérêts de passions, voilà donc ce qui divise les hommes et ce dont on a toujours fait une objection à la morale de l'intérêt. Mais cette division, selon Spinoza, a deux remèdes. On peut soumettre les passions des hommes à l'unité par la puissance d'une passion supérieure, la crainte, ou par la puissance de la raison. Tels sont les deux grands ressorts de l'ordre social : la loi de crainte et la loi de raison. « La société a beaucoup plus d'avantages pour l'homme qu'elle n'entraîne d'inconvénients. L'expérience dira toujours aux hommes que les secours mutuels leur donneront une facilité plus grande à se procurer les objets de leurs besoins, et que c'est seulement en réunissant leurs forces qu'ils éviteront les périls qui les menacent de toutes parts. » De cet intérêt dérivent la société et le pacte social, ainsi que le pouvoir souverain institué pour protéger ce pacte par la force. Car « aucun pacte n'a de valeur qu'en raison de son utilité ; si l'utilité disparaît, le pacte s'évanouit avec elle et perd toute autorité. Il y a donc de la folie à prétendre enchaîner à tout jamais quelqu'un à sa parole, à moins qu'on ne fasse en sorte que la rupture du pacte entraîne pour le violateur de ses serments plus de dommage que de profit. » Ce sont les principes d'Epicure et de Hobbes. Le premier moyen de maintenir la société, c'est donc la puissance physique, avec la crainte qu'elle inspire ; tant que les hommes sont esclaves des passions, la force est le seul moyen de les gouverner. Mais la raison joint sa logique à la puissance physique de la force pour maintenir le contrat social, et pour condamner toute perfidie. « On me demandera peut-être si un homme qui peut se délivrer, par une perfidie, d'un péril qui menace présentement sa vie, ne trouve point le droit d'être perfide dans celui de conserver son être ? Je réponds que, si la *raison* conseillait dans ce cas la perfidie, elle la conseillerait à tous les hommes ; » — c'est le critérium de Kant ; — « d'où il résulte que la raison conseillerait à tous les hommes de ne convenir que par perfidie d'unir leurs forces et de vivre sous le droit commun, c'est-à-dire de ne pas avoir de droit commun, ce qui est absurde. » En d'autres termes, si la perfidie peut être un effet de la passion, et un effet nécessaire ou fatal, elle n'est pas logique au point de vue de la raison, qui a rapproché les hommes par le besoin de former une société.

Si la passion divise les hommes, la raison les unit. En effet, l'objet de la raison est de comprendre la vérité ; or, la vérité est la même pour tous, et tous peuvent en même temps la connaître. Le vrai bien de chacun, nous l'avons vu, c'est sa raison, et il se trouve que ce bien véritable de chacun est aussi le bien véritable de tous les autres. Nous voilà donc en possession du principe qui va produire entre les hommes la concorde et la paix. La conciliation des intérêts a lieu dans l'intérêt commun de la raison. « L'homme agit absolument selon les lois de la nature quand il vit suivant la raison ; et à cette condition seulement la nature de chaque homme s'accorde toujours nécessairement avec celle d'un autre homme. » Aussi plus chaque homme cherche ce qui lui est utile, plus il est utile par cela même aux autres hommes. « Plus, en effet, chaque homme cherche ce qui lui est utile et s'efforce de se conserver, plus il a de vertu, ou ce qui est la même chose, plus il a de puissance pour agir selon les lois de la nature, c'est-à-dire suivant les lois de sa raison. Or, les hommes ont la plus grande conformité de nature quand ils vivent selon la raison. Donc les hommes sont d'autant plus utiles les uns aux autres que chacun cherche davantage ce qui lui est utile. » Voilà encore Epicure et Zénon réconciliés : vivre conformément à la nature ou vivre conformément à la raison, c'est vivre conformément à son intérêt particulier et conformément à l'intérêt de tous : c'est être heureux et vertueux. De là nous passons à cet autre théorème que Socrate eût admis ainsi qu'Aristote : « Le bien suprême de ceux qui pratiquent la vertu leur est commun à tous, et ainsi tous peuvent également en jouir. » Ce bien, en effet, est la connaissance de la vérité éternelle ou de Dieu, et nous revenons ainsi à l'absorption finale de tous en Dieu qui est le souverain bien des mystiques : « Le bien que désire pour lui-même tout homme qui pratique la vertu, il le désirera également pour les autres hommes, et avec d'autant plus de force qu'il aura une plus grande connaissance de Dieu. » « L'amour de Dieu ne peut être souillé par aucun sentiment d'envie ni de jalousie ; et il est entretenu en nous avec d'autant plus de force que nous nous représentons un plus grand nombre d'hommes comme unis avec Dieu de ce même lien d'amour. » Mais cet amour, au fond, n'a rien de libre ; c'est une nécessité de la raison ; c'est encore un intérêt. Seulement cet intérêt, étant rationnel, est universel. Il y a donc ici coïncidence entre l'intérêt et le désintéressement, entre l'amour de soi et l'amour d'autrui. C'est que le Dieu de Spinoza, en définitive, c'est nous-mêmes, dans notre substance éternelle ; et cette substance étant commune à tous les autres, aimer Dieu, s'aimer soi-même et aimer tous les autres, c'est un seul et même amour. La morale de l'utilité particulière s'efforce ainsi de s'identifier avec la morale universelle.

IV. — Même mouvement d'idées dans la politique de Spinoza, comparée à celle de Hobbes. Hobbes voulait une abdication absolue de l'individu au profit du souverain ; mais, en fait, cette abdication est impossible. Il y a, en effet, un pouvoir, et conséquemment un droit, que nous ne pouvons abdiquer : le pouvoir de penser. Pourquoi ? C'est que ce pouvoir exprime la nécessité même de notre nature, c'est-à-dire de notre raison. Nous ne pouvons pas nous dépouiller de cette raison, qui va être le refuge de la liberté dans la politique de Spinoza. Elle demeure dans l'homme comme une puissance et un droit inaliénable : elle est la nécessité de penser, identique à la liberté de penser. Le véritable objet de la politique, c'est d'organiser le pouvoir le plus fort possible physiquement pour empêcher la passion de diviser les hommes, et en même temps c'est de rendre cette force physique de plus en plus inutile en y substituant la puissance de la raison. Or, la puissance physique la plus forte, ce n'est pas celle d'un monarque absolu, comme l'a cru Hobbes, c'est la force générale de la nation tout entière ou de la démocratie. D'autre part, la puissance rationnelle la plus grande, c'est la raison générale ; plus cette raison est développée dans les individus, plus les individus sont unis entre eux. De là, chez Spinoza, une politique relativement libérale qui aboutit à placer le plus grand intérêt dans la plus grande liberté possible de la pensée, c'est-à-dire dans la plus grande nécessité possible de la raison, ou dans la plus grande union possible de tous les intérêts par l'intérêt universel de la raison. Cette révolution libérale dans la doctrine utilitaire sera désormais un fait accompli : Hobbes restera seul partisan du despotisme.

Ainsi s'est produite dans le grand système du rationaliste Spinoza la conciliation de la morale épicurienne ou utilitaire et de la morale. Le seul élément qui semble faire défaut au Spinozisme, c'est l'idée d'un réel progrès de la nature ou d'une « *évolution* », idée sur laquelle insisteront les métaphysiciens allemands, surtout Hegel, et les moralistes anglais, surtout Spencer. A la métaphysique de l'évolution universelle se joindra la morale de l'évolution universelle, mais au fond les principes seront toujours les mêmes : un bien relatif substitué au bien absolu et se réduisant en dernière analyse à la connaissance progressive d'une utilité progressive elle-même, par laquelle l'intérêt de chacun s'identifie de plus en plus avec l'intérêt universel.

Chapitre 5

L'esprit épicurien en France au XVIII^è siècle.

I. — Helvétius est en France, au xviiie siècle, le plus célèbre représentant des doctrines épicuriennes, celui dont les idées répandues dans toute l'Europe avec rapidité ont eu le plus d'influence ; ce n'est pourtant point le seul : autour de lui il faut ranger une véritable pléiade d'écrivains. Cette foule de penseurs utilitaires qui, chez les Anglais, s'est succédée avec de rares interruptions depuis Hobbes jusqu'à Stuart-Mill et Bain, semble en France être apparue simultanément à une seule époque de notre histoire.

Chez Helvétius, la doctrine de l'intérêt frappe par son caractère de rigueur et de logique. Point de confusion entre l'intérêt personnel et l'intérêt social : je ne puis et ne dois agir conformément à l'utilité sociale que si l'utilité sociale s'est rendue elle-même conforme à mon utilité propre. Cette doctrine logiquement déduite, nous la trouvons plus accentuée encore chez La Mettrie, cet Epicurien convaincu, qui prit plaisir à recommencer l'antique lutte contre le stoïcisme et dont l'*Anti-Sénèque* précéda de dix ans le livre *De l'esprit.* « La vérité et la vertu », dit La Mettrie, sont des « êtres qui ne valent qu'autant qu'ils servent à celui qui les possède... Mais faute de telle ou telle vertu, de telle ou telle vérité, les sociétés et les sciences en souffriront ? Soit, mais si je ne les prive pas de ces avantages, moi j'en souffrirai. Or, est-ce pour autrui ou pour moi que la raison m'ordonne d'être heureux? » C'est le commentaire de la parole de Fontenelle : « Si j'avais la main pleine de vérités, je me garderais de l'ouvrir. » La

Mettrie est sur ce point plus net et plus franc qu'Helvétius. D'ailleurs, il ne nie pas plus que ce dernier les instincts élevés qui portent l'homme vers une conduite en apparence désintéressée ; mais, suivant lui, les hommes sont diversement faits, et ils doivent se conformer à leur nature. « Si la nature t'a fait pourceau, vautre-toi dans la fange, comme les pourceaux ; car tu es incapable de jouir d'un bonheur plus relevé. »

La moralité comme l'intelligence dépendent de l'état du cerveau et du reste de l'organisme. « Un rien, une petite fibre, une chose quelconque, qui ne peut être découverte par l'anatomie la plus subtile, aurait fait deux idiots d'Erasme et de Fontenelle. » De même, qu'eût-il fallu pour changer en pusillanimité le courage de Caïus Julius, de Sénèque ou de Pétrone ? Une obstruction de la rate, du foie ou de la veine porte. Toute conduite d'accord avec la nature propre d'un individu est rationnelle ; or ce qui est rationnel est juste et bon. En s'appuyant sur ce principe, La Mettrie entreprend la critique du remords. Le remords est une absurdité, puisqu'il succède à l'action au lieu de la précéder et de l'empêcher ; de deux choses l'une : ou l'action à des conséquences fâcheuses, alors le remords est inutile et ne fait qu'ajouter une nouvelle peine à d'autres ; ou l'action à d'heureuses conséquences, alors le remords n'a plus de raison et doit être banni. Au reste remords, obligation morale, croyance à une prétendue loi morale, autant de phénomènes qui rentrent dans le domaine scientifique et qui ne sont pas exclusivement restreints à l'humanité. La voix « céleste » de la conscience n'est qu'une voix d'origine toute terrestre et brutale, qui sait parfois se faire entendre chez l'animal. La Mettrie devance ici avec une remarquable perspicacité les doctrines modernes de Darwin, appuyées sur l'hypothèse de la sélection naturelle : il est tel passage de l'*Homme-machine* et de l'*Homme-plante* qui ne seraient pas indignes d'être rapprochés de ceux du grand naturaliste. L'homme, d'après La Mettrie, ne possède aucun caractère spécifique qui établisse entre lui et l'animal une distinction tranchée : l'homme et l'animal ne poursuivent-ils pas tous deux le même but, la jouissance ? Si on pouvait en venir à faire parler un singe, nous ne saurions bientôt plus comment nous distinguer de lui. La prétendue loi morale existe dans les animaux comme dans l'homme. Le chien connaît le remords ; ne se repent-il pas d'avoir mordu son maître ? Le lion même se montre reconnaissant envers son bienfaiteur.

Voici la conclusion à laquelle aboutit La Mettrie, conclusion qui ne laisse pas que d'être curieuse et caractéristique. « Si tu parviens à étouffer le remords, je le soutiens, parricide, incestueux, etc., tu seras heureux cependant ; mais, si tu veux vivre, prends-y garde, la politique n'est pas si commode que ma philosophie ; la justice est sa fille, les gibets et les bourreaux sont à ses ordres ; crains-les plus que ta conscience et les dieux. » — C'est bien là la conséquence logique de l'épicurisme : dès lors que pour les Epicuriens la sanction constitue l'obligation morale, enlevez le remords, cette sanction intérieure, les lois, cette sanction extérieure, et l'obligation disparaîtra. Néanmoins Epicure et Philodème soutenaient, comme nous l'avons dit, qu'il y a dans la pure justice et dans la vertu, indépendamment même de leurs conséquences, quelque chose d'harmonieux et de beau qui les rend préférables pour le sage : La Mettrie ne s'est pas élevé jusqu'à cette conception.

II. — On le voit, dans La Mettrie et Helvétius, l'épicurisme ne recule devant rien, excepté devant l'inconséquence ; il est étroit et fermé, mais logique à outrance. Tous deux pensent sans ambiguïté et parlent sans ménagements, ne se cachent rien à eux-mêmes et ne taisent rien aux autres. La première forme de la doctrine utilitaire est ainsi d'une parfaite netteté. L'influence de La Rochefoucauld domine encore tout entière la doctrine qu'il a en partie suscitée. Mais cette influence ne va pas tarder à s'effacer. Nous avons vu l'embarras des Epicuriens antiques en présence de l'amitié et du dévouement ; ils ne veulent pas y renoncer et tâchent d'élever leur système jusqu'à ces hautes vertus. Une évolution du même genre va se produire dans l'épicurisme moderne.

Peu après la publication du livre *De l'esprit,* Dalembert, qui se rattache lui aussi à l'école utilitaire, fait la part la plus importante au sentiment de l'humanité. D'après lui, la vertu de l'homme consiste dans l'élargissement le plus grand possible de ses affections. Si les objets de nos affections sont particuliers, les affections mêmes seront exclusives, elles seront contraires à la vertu. Aussi faut-il leur donner un objet si large et si général qu'il embrasse tous les autres sans en exclure aucun ; on doit, comme disait un philosophe, préférer sa famille à soi-même, sa patrie à sa famille, le genre humain à sa patrie : l'amour universel de l'humanité, voilà, pour ainsi dire, « l'esprit de la vertu. »

Le xviiie siècle, lassé de la religion et découragé de la métaphysique, avait en effet reporté toute sa foi vers l'humanité : tout système, pour réussir, devait donc refléter par quelque côté ce grand sentiment ; la doctrine utilitaire, elle aussi, par une de ces admirables métamorphoses dont parle La Rochefoucauld, devait se transformer en doctrine humanitaire. Helvétius s'était arrêté devant la justice et la charité universelle comme devant un idéal auquel il lui était impossible d'atteindre en prenant pour point d'appui l'intérêt; par ce côté seulement il avait résisté au courant qui l'emportait avec tout son siècle vers les idées d'humanité et de philanthropie. Mais ce courant, plus fort que lui, entraîna son système.

On peut suivre cette transformation chez d'Holbach, dont les déclamations sur la vertu sont déjà bien loin de l'indifférence affectée d'Helvétius. D'une part, d'après d'Holbach, nous n'obéissons jamais qu'à l'intérêt, c'est-à-dire à la « gravitation de soi sur soi, » et ce que nous appelons l'obligation morale n'est que la nécessité d'être utile à soi-même par soi ou par autrui. D'autre part, la vertu est essentiellement sympathique ; empruntant les termes de Leibniz, il la définit « l'art de se rendre heureux de la félicité des autres. » Dans la vertu, qui n'est autre chose que la sympathie, d'Holbach s'efforce de trouver le moyen terme entre les intérêts de l'individu et ceux de la collection, moyen terme qu'Helvétius avait cherché seulement dans la sanction légale. Il fait plus encore; non seulement à ses yeux la vertu est sympathie, mais elle est, jusqu'à un certain point, indépendante de l'objet même avec lequel on sympathise ; non seulement, par l'acte vertueux, nous unissons notre bonheur à celui des autres, mais il semble que, dans cet acte même, nous trouvions une satisfaction *sui generis* et propre à nous. D'un côté nous profitons du bonheur de nos semblables, nous jouissons de leur estime, de leur affection ; d'un autre côté, nous nous créons à nous-mêmes un bonheur, nous méritons nous-mêmes notre propre estime. Nous aimons l'humanité, ce sentiment sublime, à la fois en nous et dans les autres, parce que l'humanité est aimable par elle-même. « La vertu est sa propre récompense... Quand l'univers entier serait injuste pour l'homme de bien, il lui reste l'avantage de s'aimer, de s'estimer lui-même, de rentrer avec plaisir dans le fond de son cœur. »

Rien de plus curieux que ce passage de l'épicurisme au stoïcisme. Nous avons vu déjà, sur beaucoup de points,

Epicure se rapprocher de Zénon ; mais l'épicurisme antique, plus conséquent peut-être que l'épicurisme moderne, n'avait jamais tenté un rapprochement aussi complet, une évolution aussi surprenante. Spinoza lui-même, chez qui les systèmes d'Epicure et de Zénon sont près de se réconcilier, faisait de l'estime de soi comme du remords, du mérite comme du démérite, une illusion intérieure.

Saint-Lambert, l'auteur du *Catéchisme universel,* partant des mêmes principes que Dalembert et d'Holbach, aboutit lui aussi à l'amour de l'humanité. « La nature vous défend de rendre à votre patrie des services que vous croyez funestes au genre humain... Prenez l'habitude de faire et de dire ce qui peut unir les hommes entre eux... Servez l'homme dans celui dont vous ne pouvez aimer la personne. »

III. — De même que l'épicurisme, en France, se faisait humanitaire, il ne pouvait pas ne pas se faire libéral et rénovateur. Helvétius, sur la politique, se tient encore dans le vague ; il parle contre le despotisme, mais il n'y prescrit point de remèdes. D'Holbach, l'un des traducteurs de Hobbes dont il admet les principes, déduit de ces principes des conséquences bien différentes. Sa théorie du gouvernement, inspirée par Locke et par Spinoza, est diamétralement opposée à celle de Hobbes. L'épicurisme en France devait d'ailleurs s'élever sans peine à la conception de la *liberté* et de l'*égalité* politiques : l'intérêt semble ici s'accorder assez bien avec ce qu'on entend d'habitude par le droit. Mais la doctrine utilitaire parvint plus haut encore : tantôt par une inconsciente contradiction, tantôt en faisant appel aux sentiments de sympathie, de bienveillance, de philanthropie, de sociabilité naturelle, elle a pu, sinon embrasser complètement le grand et pur sentiment de la *fraternité* universelle, du moins s'en approcher d'assez près. Aussi les utilitaires se joignirent-ils aux moralistes *a priori* pour approuver et admirer la devise de la Révolution française : liberté, égalité, fraternité. Helvétius lui-même eût donné sans doute son assentiment à cette devise ; seulement, comme il n'accordait pas une aussi grande importance que ses successeurs aux sentiments sympathiques, il eût sans doute fait observer qu'on ne peut être frère de tous les hommes en tant qu'hommes, mais seulement en proportion des avantages qu'on reçoit d'eux ; il eût donc déclaré que la fraternité universelle était une chose excellente, mais jusqu'à nouvel ordre impossible à réaliser dans la pratique.

IV. — Au moment où la doctrine utilitaire, chez Dalembert, d'Holbach, Saint-Lambert, en venait par une déviation naturelle à oublier ses propres principes, elle se trouve soudain, dans Volney, ramenée à son point de départ. La *Loi naturelle* est le résumé le plus complet et le plus logique de l'épicurisme : tout le travail du xviiie siècle sur la morale s'y trouve condensé ; c'est un des essais les plus remarquables qui aient été faits pour fonder, comme disait Helvétius, une véritable « physique des mœurs. » La Loi naturelle, ou *principes physiques de la morale, déduits de l'organisation de l'homme et de l'univers,* — tel est le titre caractéristique que Volney donne à son ouvrage, et qui rappelle le système de Spinoza en faisant pressentir celui de M. Herbert Spencer.

Conservation de l'être, telle est, d'après Volney, la formule de la loi naturelle. C'est la même loi qui fait couler l'eau en bas et qui commande à l'homme certains actes. Nulle distinction entre le bien physique et le bien moral ; le bien moral, c'est le bien physique continué et conservé. Il y a cinq vertus individuelles, c'est-à-dire cinq moyens principaux en vue de la conservation de l'être : la science, la tempérance, le courage, l'activité, enfin la *propreté* qui n'est pas la moins importante de ces vertus. Volney semble avoir oublié les exercices gymnastiques ; les Cyrénaïques n'avaient pas commis cet oubli, eux qui plaçaient la force du corps parmi les vertus. Après les vertus individuelles viennent celles de la famille, puis les vertus sociales : elles s'appuient toutes également sur des principes physiques. Comment, par exemple, l'amour du prochain est-il un précepte ? « Par raison d'égalité et de réciprocité ; en attaquant l'existence d'autrui, nous portons atteinte à la nôtre par l'effet de la réciprocité. Au contraire, en faisant du bien à autrui, nous avons lieu et droit d'en attendre l'échange, l'équivalent, et tel est le caractère de toutes les vertus sociales, d'être *utiles* à l'homme qui les pratique *par le droit de réciprocité* qu'elles donnent sur ceux à qui elles ont profité. » A ce droit de réciprocité la sympathie mutuelle s'ajoute pour fonder la société : la sympathie n'est autre chose que le « reflet » en nous des sensations d'autrui : « De là naissent des sensations simultanées de plaisir ou de douleur qui sont un charme et un lien indissoluble de la société. »

Un principe important admis par Volney aurait pu peut-être introduire une vraie révolution dans sa morale trop terre à terre. Suivant lui la conservation de l'être, loi sur laquelle repose la morale, implique le perfectionnement de l'être, le *progrès* perpétuel ; au contraire, la *dégradation* est une diminution de l'être, un commencement de destruction. En approfondissant cette conception, Volney aurait pu en venir à placer l'idéal moral dans l'état le plus élevé de l'être, dans une sorte de noblesse supérieure aux intérêts mesquins et capable de regarder la vie de haut.

En somme l'utilitarisme épicurien, au commencement et à la fin de son développement en France, revêt des formes précises et méthodiques ; il rejette tout autre principe que l'intérêt bien entendu, toute autre règle impérative que la force des lois ou la force des choses ; il se pose seul, avec toutes ses conséquences et rien de plus ; il espère se suffire à soi-même.

V. — Nous avons passé rapidement en revue la plupart des écrivains importants qui se sont montré en France, au xviiie siècle, partisans déclarés des doctrines utilitaires et épicuriennes. Mais, on peut le dire, ce ne sont pas seulement ces quelques penseurs, ces quelques hommes entraînés par le même courant d'idées, qui se firent les apôtres de l'utilité ; tout le xviiie siècle, excepté Rousseau et Turgot, était porté par d'invincibles préférences vers ce nouveau principe de la morale. Il est même curieux de voir sur ce point l'accord presque universel des esprits : ces hommes du xviiie siècle, au moment où ils vont *déclarer* leurs droits, ne parlent le plus souvent que de leurs intérêts. C'est que ce progrès que la doctrine d'Helvétius présentait en théorie sur la doctrine de Hobbes, elle le promettait aussi en pratique : trop longtemps les rois de France, comme le souverain idéal de Hobbes, n'avaient reconnu pour règle de leurs actions que leur bon plaisir : soumettre ces actions à la règle de l'utilité, c'était faire un grand pas. Aussi prit-on l'habitude de lier par une association indissoluble les idées de libéralisme et celle d'utilité.

Ajoutons que l'esprit français, porté à systématiser, à classer, à déduire, à universaliser, trouvait sa satisfaction dans les idées épicuriennes.

En premier lieu, la morale utilitaire est complètement *indépendante* ; elle ne s'appuie sur rien d'étranger, elle a sa base et son fondement en elle-même ; elle semble pouvoir par elle seule former un tout, un système. Aussi devait-elle séduire sous ce rapport le xviiie siècle, ardent aux idées nouvelles, surtout aux idées qui lui donnaient, dans la sphère de la pensée, la liberté qu'il allait bientôt conquérir dans la sphère pratique. Par l'épicurisme, la philosophie se sentait dégagée des entraves ; elle n'avait plus besoin d'invoquer les dogmes de la religion révélée, elle coupait hardiment ce « fil » qui seul rattachait encore à la vertu les âmes croyantes, — la « crainte du diable, » — et se jetait, sûre désormais de ne plus tout perdre en perdant les croyances religieuses, dans la spéculation. Ainsi la morale utilitaire, étant indépendante, devenait un gage de la liberté de pensée ; on la voulut et on la préféra comme telle. Délivrer la pensée de l'homme afin de délivrer ensuite l'homme même, n'était-ce pas la grande idée de la France au xviiie siècle ?

En outre, la morale utilitaire avait un caractère d'universalité ; elle se chargeait de répondre aux ardentes interrogations posées, le siècle précédent, par Pascal ; de montrer que tel méridien ou telle rivière ne décident ni de la vérité ni de la justice; que le climat même a une importance secondaire; que, sous toutes les apparentes diversités des mœurs, on retrouve l'unité de l'intérêt. Ainsi, par un singulier changement de rôles, les utilitaires défendaient contre les théologiens l'universalité des principes de la morale ; ils représentaient la science aux prises avec la révélation. « Il y a, dit Suard dans un rapport académique sur le Catéchisme de Saint-Lambert, il y a une morale toute humaine qui n'est fondée que sur la nature de l'homme et ses rapports inaltérables avec ses semblables, et qui par la convient dans tous les temps, dans tous les climats, dans tous les gouvernements, dont la vérité et l'utilité sont reconnues également à Pékin et à Philadelphie, à Paris et à Londres. » Ainsi le naturalisme épicurien était, pour l'esprit français, un moyen de s'élever à des considérations universelles, d'aller du particulier au général, de franchir toute limite et toute borne ; de telle sorte que, à ce nouveau point de vue, ce système donnait aussi plus de liberté à la pensée, la dégageait mieux des entraves que l'espace, le temps, le hasard semblaient apporter à son élan. L'intérêt donnait la main à la justice pour l'aider à franchir ces lignes géométriques et ces lignes géographiques, ces méridiens et ces rivières que Montaigne et Pascal lui opposaient.

En définitive le xviiie siècle, en voulant faire de la morale une *science* dans toute la force du mot, poursuivait une grande œuvre ; seulement, pour en faire une science, il voulut en faire un calcul d'intérêts, il lui donna trop souvent pour base un égoïsme encore grossier.

Pour juger les conceptions philosophiques du xviiie siècle, il vaut souvent mieux examiner la fin à laquelle elles se rattachent que le principe sur lequel elles s'appuient. La fin, le but vers lequel se dirigeaient toutes les pensées et se tendaient tous les efforts, c'était l'affranchissement de l'humanité ; quant aux principes, ils étaient sujets à changer et à varier. Le xviiie siècle est un siècle de mouvement. Si un corps en repos a besoin d'un point d'appui et d'une base solide, le mobile emporté dans l'espace n'a besoin pour aller vers son but que d'être attiré par lui : le xviiie siècle avait, pour s'imprimer le mouvement, une grande énergie ; pour le diriger, une grande fin ; mais, de points d'appui, de principes, de moyens extérieurs et logiques, il en manqua pendant longtemps.

Chapitre 6

L'épicurisme contemporain.

Il n'est pas de doctrine qui ait été l'objet de plus d'attaques et de critiques que l'épicurisme ancien et moderne. Il n'en était pas du reste qui heurtât plus vivement l'opinion reçue au sujet des deux choses qui tiennent par excellence au cœur humain : la morale et la religion.

Les Épicuriens antiques eurent, comme on sait, pour principaux adversaires les Stoïciens ; adversaires violents, qui défigurèrent la doctrine contre laquelle ils organisaient la résistance. Les anciens, surtout les Romains, ignoraient la discussion sincère et courtoise, la recherche en commun et sans prévention de la vérité ; aussi l'épicurisme ne nous parvint-il d'abord que travesti par le stoïcisme ou par l'emphase cicéronienne. Malgré des défenseurs comme Gassendi, le plus grand nombre des historiens n'ont vu Épicure qu'à travers Cicéron, et n'ont pu apprécier sa doctrine à sa juste valeur. L'un des historiens les plus estimés de la philosophie ancienne, Ritter, porte encore sur Épicure ce jugement injuste : « Nous ne pouvons voir dans l'ensemble des doctrines d'Épicure un tout dont les parties soient bien assorties. Il est évident que la canonique et la physique d'Épicure ne sont qu'un appendice maladroit de sa morale. Mais qui pourrait faire l'éloge de la morale d'Epicure, soit à cause des vérités qu'elle renferme, ou même pour son originalité, ou bien enfin pour l'enchaînement qui y règne ? D'abord, nous ne la trouvons point originale... On ne peut pas dire que ce soit une doctrine bien liée... Cette doctrine nous paraît de peu de valeur scientifique. » Nous espérons avoir justifié Épicure d'une partie de ces reproches. M. Zeller lui-même, le plus complet des historiens de la philosophie ancienne, reste encore fort sévère à l'égard d'Épicure. Il donne de sa doctrine un résumé exact, quoique incomplet ; mais il est trop hostile aux idées fondamentales de l'épicurisme pour comprendre la vraie valeur de ce système et sa vraie place dans l'histoire de la philosophie.

Tous les Épicuriens modernes ont eu le même sort que leur maître. C'est d'abord Hobbes, dont la franchise et la logique impitoyables exaspérèrent son siècle. « On ne pourrait guère citer d'écrivain, dit Lange, qui ait été autant que Hobbes injurié a la fois par des hommes de toutes les écoles, au moment même où, par sa clarté extraordinaire, il les obligeait tous à. penser ; avec plus de clarté et de précision. » Plus tard, La Mettrie suscita également contre lui tous les écrivains de son siècle. Sa doctrine, comme on l'a remarqué, était moins immorale que telle autre, par exemple celle de Mandeville ; néanmoins elle fut beaucoup plus attaquée ; d'autant plus que La Mettrie, on le sait, eut aux yeux de ses adversaires le tort grave de mourir d'une indigestion. Helvétius fut condamné par le parlement et par la Sorbonne pour son livre *De l'esprit*, et il dut lui-même le rétracter publiquement. Le *Système de la nature* de d'Holbach souleva des orages. Partout l'affirmation des idées épicuriennes a excité contre ses auteurs les réactions les plus violentes, et l'épicurisme a eu plus souvent jusqu'ici des adversaires que des juges.

Cependant, depuis quelques années, surtout à l'étranger, il s'est produit dans l'opinion philosophique un mouvement en faveur d'Épicure. Tandis qu'en France nous en restions trop aux vieilles traditions de la philosophie classique, Lange en Allemagne relevait les doctrines matérialistes, montrait le rôle important qu'elles ont joué dans le développement de nos idées modernes, et plaçait Épicure au nombre des penseurs matérialistes les plus influents.

Le moment semble venu où l'on peut avec plus de justice apprécier la doctrine épicurienne, et chercher la part de vérité qu'elle renferme. À vrai dire, il est impossible de faire d'un système une appréciation complète, tant qu'il n'a pas achevé son développement : il est une sorte de critique intérieure qui travaille au dedans tout système, et qui le force à se perfectionner sans cesse, à réapparaître sous des formes toujours nouvelles au moment même où parfois on le croyait renversé. Tel a été le système épicurien dans l'histoire, et de nos jours même son développement n'est pas achevé ; il vit et se continue encore, mais sous une forme toute nouvelle, dans l'école anglaise contemporaine. On ne peut juger l'épicurisme abstraction faite des doctrines anglaises ; aussi nous proposons-nous, dans un autre ouvrage, d'étudier spécialement ces doctrines. Pour le moment, au lieu d'une appréciation encore prématurée, nous nous bornerons à marquer les points où la pensée épicurienne s'est développée chez les successeurs actuels d'Épicure. L'histoire des progrès d'une doctrine n'est autre chose qu'une sorte de critique vivante, plus intéressante et plus utile souvent qu'un jugement qui n'est jamais définitif.

Tous les Épicuriens, et c'est là l'idée fondamentale de leur doctrine, s'accordent à affirmer que le plaisir ou la peine sont les seules forces qui mettent l'être en mouvement, les seuls leviers à l'aide desquels on puisse produire une action quelle qu'elle soit.

Ce principe posé, Épicure et ses continuateurs en concluent que, le plaisir étant la seule fin des êtres, la morale doit être pour chaque individu l'art de se procurer à lui-même la plus grande somme de plaisirs personnels. La morale ainsi entendue n'est plus autre chose, comme l'a dit lui-même un utilitaire, que la régularisation de l'égoïsme. Hobbes avant Spinoza a essayé de construire *une géométrie des mœurs*, Helvétius construit une *physique des mœurs*, d'Holbach une *physiologie des mœurs* ; mais, sous ces noms divers, la morale épicurienne n'est toujours en somme que la recherche de l'intérêt personnel ; elle repose sur la confusion hardie du *fait* et du *devoir*. En *fait*, croit-elle, l'individu ne poursuit que son plaisir propre. En *droit*, c'est aussi son plaisir qu'il doit poursuivre, soit que ce plaisir se trouve par hasard en opposition avec celui d'autrui, soit qu'il se trouve par hasard en harmonie avec lui. Et néanmoins, tous les Épicuriens, y compris même La Mettrie, s'accordent pour engager l'individu à ne pas se retrancher dans, un sot égoïsme, à cultiver l'amitié, à se montrer sociable et bienfaisant. C'est que, suivant eux, il y a harmonie, dans la généralité des cas, entre le plaisir d'un individu et celui des autres ; mais, entendons-nous bien, ce n'est pas là une harmonie fondamentale et primitive : les égoïsmes marchent d'accord comme des pendules, sans se confondre et sans s'unir profondément ; et la morale même n'a pas pour but de produire cette union, parce que ce serait impossible. Sur ce point l'épicurisme, encore une fois, a fort peu avancé en France ; Dalembert, d'Holbach, Volney, font par moments pressentir l'école anglaise contemporaine, mais ils ne tardent pas à en revenir toujours à l'intérêt personnel comme au principe sincère de toute morale. Or, ici il y a une divergence notable entre les Épicuriens et l'école anglaise contemporaine. Cette divergence va s'accroissant de Bentham à Stuart-Mill et surtout à M. Spencer, avec les principes duquel on peut construire pour la première fois une physique ou physiologie des mœurs presque complète. Les moralistes anglais conservent bien toujours le plaisir personnel comme l'unique levier capable de mettre l'être en mouvement ; seulement, au lieu de donner ce plaisir même comme but à l'être moral, ils travaillent de toutes leurs forces à lui faire poursuivre le plaisir d'autrui. Exprimé sous cette forme, leur utilitarisme semble d'abord d'une inconséquence manifeste, et nous examinerons ailleurs s'il ne renferme en effet aucune inconséquence. Cependant, il y a dans cette doctrine quelque chose de profond qu'il faut bien dès à présent mettre en lumière.

En définitive, qu'est-ce que serait un plaisir purement personnel et égoïste ? Y en a-t-il de cette sorte, et quelle part ont-ils dans la vie ? Lorsqu'on descend dans l'échelle des êtres, on voit que la sphère ou chacun d'eux se meut est étroite et presque fermée ; lorsqu'au contraire on monte vers les êtres supérieurs, on voit leur sphère d'action s'ouvrir, s'étendre, se confondre de plus en plus avec la sphère d'action des autres êtres. Le moi se distingue de moins en moins des autres moi ; ou plutôt il a de plus en plus besoin d'eux pour se constituer et pour subsister. Or, cette espèce d'échelle que parcourt la pensée, l'espèce humaine l'a déjà parcourue en partie dans son évolution. Son point de départ, selon M. Spencer, a bien été l'égoïsme ; mais l'égoïsme et le besoin même portaient les êtres les uns vers les autres ; des sentiments corrélatifs à cette tendance sont nés peu à peu et ont comme recouvert les sentiments égoïstes qui leur servaient de principe. Ainsi sont nés, comme M. Spencer les appelle, les sentiments *égo-altruistes*, et nous marchons vers une époque où l'égoïsme, de plus en plus reculé, de plus en plus méconnaissable, laissera presque entièrement place aux sentiments *altruistes*. À cette époque idéale l'être ne pourra plus, pour ainsi dire, jouir solitairement : son plaisir sera comme un concert où le plaisir des autres entrera à titre d'élément nécessaire ; et dès maintenant, dans la généralité des cas, n'en est-il pas déjà ainsi ? Qu'on compare, dans la vie commune, la part laissée à l'égoïsme pur et celle que prend « l'altruisme », on verra combien est relativement petite la première ; même les plaisirs les plus égoïstes parce qu'ils sont tout physiques, comme le plaisir de boire ou de manger, n'acquièrent tout leur charme que quand nous les partageons avec autrui. Cette part prédominante des sentiments sociables doit se retrouver en toute doctrine, et de quelque manière qu'on conçoive les principes de la morale. Nulle doctrine, en effet, ne peut fermer le cœur humain. Nous ne pouvons pas nous mutiler nous-mêmes, et l'égoïsme pur serait un non-sens, une impossibilité. De même que, suivant l'école anglaise, le moi, en somme, est une illusion, qu'il n'y a pas de personnalité, que nous sommes composés d'une infinité d'êtres et de petites consciences, ainsi le plaisir égoïste, pourrait-on dire, est une illusion : mon plaisir à moi n'existe pas sans le plaisir des autres, il faut que toute la société y collabore plus ou moins, depuis la petite société qui m'entoure, depuis ma famille jusqu'à la grande société où je vis ; il ne peut pas en être autrement, cela serait contraire à mes *intérêts* ; mon plaisir, pour ne rien perdre de son intensité, doit garder toute son extension. En définitive, la morale de l'école anglaise, qu'on peut considérer comme le développement de l'épicurisme, en est aussi la meilleure critique ; elle montre bien l'insuffisance du principe de l'égoïsme pur, insuffisance qui apparaît déjà même chez Épicure et les Épicuriens romains.

Sur d'autres points, le système épicurien a reçu en traversant l'histoire de notables perfectionnements. ainsi, quand il s'agissait d'approfondir la nature même du plaisir qu'il donnait pour fin à la vie, Épicure définissait ce plaisir un état de repos du corps et de l'âme, un état d'équilibre physique et d'« ataraxie » intellectuelle. Étant donnée une telle conception du plaisir, Épicure en déduit bientôt que l'idéal pour tout être est de se replier sur soi, de chercher au dedans de soi et sans aucun secours extérieur le repos et la paix. Cette doctrine, qui au premier abord ne manque pas de grandeur, aboutit dans la pratique aux conséquences les plus déplorables. Sur ce point, Hobbes apporte un heureux changement au système épicurien, en revenant aux idées d'Aristippe et en soutenant que le plaisir est par essence mouvement, action, énergie, conséquemment progrès. Jouir, c'est agir, et agir, c'est avancer. Sans doute on peut soutenir avec Épicure que le plaisir s'accompagne d'un équilibre intérieur, d'une harmonie de toutes nos facultés ; mais ce n'est là, en somme, que la condition du plaisir, et si on l'examine plus profondément en lui-même, on reconnaîtra que cet équilibre intérieur nous permet précisément une action de plus en plus expansive dans toutes les directions. De nos jours, l'école anglaise fera plus encore : elle montrera que la sensibilité accompagne dans son développement progressif notre activité. Le plaisir n'est pas une chose immobile, comme le croyait Épicure, il varie sans cesse ; l'habitude et l'hérédité l'attachent à de nouvelles actions ; il subit ainsi la grande loi de révolution universelle : il est en lui-même évolution et développement de l'être.

Dans le problème de la liberté, nous trouvons les Épicuriens anciens et modernes en plein désaccord les uns avec les autres. Nous savons qu'Épicure admet le libre arbitre et place non-seulement dans l'homme, mais dans la nature et les atomes, une spontanéité tirant d'elle-même le principe de son action ; au contraire, Hobbes, Helvetius, d'Holbach, en un mot tous les Épicuriens modernes sans exception rejettent la liberté et se montrent franchement déterministes, quelquefois même, comme Hobbes et La

Mettrie, fatalistes à l'excès. Nous n'avons pas ici à examiner la vérité absolue de ces doctrines contraires ; mais nous pouvons nous demander laquelle est la plus conforme aux principes épicuriens. Or, il faut bien reconnaître que la croyance à la liberté est une anomalie dans le système d'Épicure. Ce dernier, après avoir posé le bonheur comme but, reconnaît que la tranquillité de l'âme est la condition nécessaire de ce bonheur, et il croit que l'idée d'une nécessité universelle dominant la nature serait incompatible avec la tranquillité de l'âme. Suivant lui, nous le savons, il est quelque chose de sombre et de troublant dans le sentiment du fatalisme : c'est pour cela qu'il le rejette. Puis, une fois qu'il a commencé à le rejeter, avec un remarquable esprit de logique il le repousse de partout et place en toute chose la spontanéité. Ce qu'il n'a point prouvé, c'est que cette spontanéité même pût exister ; il n'essaie même pas de le prouver. Pour lui, c'est un fait de conscience évident que la liberté morale. Or, la liberté de l'homme étant posée, il en déduit avec beaucoup de force la spontanéité de la nature ; mais il ne s'aperçoit pas que de deux choses l'une, ou la liberté morale est douteuse, et alors son système est enveloppé dans la même incertitude ; ou elle est certaine, et alors c'est un principe nouveau avec lequel il faut compter. Si j'ai la liberté, je puis fonder là-dessus une morale, et me passer entièrement du principe de l'intérêt. De l'idée même de liberté peut se déduire le devoir sans qu'il soit besoin de faire appel au plaisir. Qu'un déterministe soit utilitaire, cela se comprend ; mais qu'un partisan du libre arbitre qui croit sentir en lui un je ne sais quoi d'absolu, une cause vivant et agissant par elle-même, possédant une valeur et une dignité intrinsèques, aille la soumettre à une règle d'action extérieure, la tourner vers une fin étrangère et en faire un instrument de plaisir, c'est là au fond une contradiction à laquelle ont eu raison de se soustraire les Épicuriens modernes. Sur ce point, le système épicurien a acquis de nos jours une force et une homogénéité nouvelles. Épicure se plaignait de ce que l'idée du déterminisme universel pèse à l'âme humaine, car l'homme souffre de sacrifier à la nature sa pleine et entière indépendance ; il oubliait que la morale, pas plus qu'aucune autre science, ne peut entrer dans cette question de préférences individuelles. Toute science cherche non pas ce qui plaît à l'intelligence ou à la sensibilité, mais ce qui est. Elle poursuit non le bonheur absolu, cette utopie de l'épicurisme antique, mais le bonheur relatif, compatible avec la réalité, et elle ne recule devant aucune vérité, quelque dure qu'elle puisse être.

C'est aussi pour la même raison que l'Épicurisme moderne a généralement renoncé aux consolations que la théorie épicurienne de la mort prétendait nous apporter. Généralement les utilitaires modernes, en hommes pratiques, s'occupent plus de la vie que de la mort. Suivant eux, la morale a pour but de régler notre conduite pendant la vie, elle n'a pas pour but de modifier nos idées au sujet de la mort : ceci regarde plutôt la métaphysique ou les religions.

Dans les théories sociales, les rapports sont beaucoup plus grands entre l'épicurisme ancien et l'épicurisme moderne. Tout d'abord, nous retrouvons chez Hobbes et plus tard au xviiie siècle cette ingénieuse théorie d'Épicure qui fonde la société sur un contrat. Les Épicuriens, se figurant toujours les hommes comme égoïstes au fond, conséquemment ennemis, ont été portés de tout temps à chercher un moyen artificiel de les rapprocher ou de les unir. L'idée de contrat se présentait aussitôt à l'esprit comme le lien le plus capable d'enchaîner les hommes les uns aux autres. Mais Épicure avait conçu ce contrat comme une sorte de primitive entente entre les hommes, plutôt spontanée que réfléchie. Dans sa théorie, les animaux humains se rapprochent les uns des autres et, même avant de savoir parler, conviennent par signes de vivre en paix et en amitié. Telle n'est plus la conception du contrat social chez Hobbes et chez ses successeurs. L'entente primitive des hommes semble devenir pour eux un contrat en bonne forme, passe devant témoins, avec des clauses parfaitement définies et précises. Une telle imagination, moitié scolastique et moitié romanesque, perd tout caractère historique. Au contraire le caractère original de la sociologie épicurienne, telle qu'elle se trouve exposée dans Lucrèce, est qu'elle prétend reposer sur des faits et se déduire de l'histoire ; c'est aussi sur l'histoire que s'appuient de nos jours les continuateurs plus fidèles de la tradition épicurienne. Pour eux, les sociétés humaines ne sont pas nées tout d'un coup, par un acte soudain des volontés individuelles : elles se sont construites lentement, par une accumulation d'habitudes, de coutumes, par l'accommodation graduelle des individus les uns aux autres : les idées de justice, de droit, de charité et de philanthropie, loin d'avoir produit la société, découlent de la société même ; loin de l'expliquer, elles s'expliquent par elle.

Par cela même que la morale sociale épicurienne est essentiellement historique, elle présuppose l'idée d'évolution, de progrès. C'est dans Lucrèce que nous avons retrouve l'idée du progrès humain exprimée presque pour la première fois. Helvétius reproduit la même idée en l'appliquant spécialement au droit et à la législation ; c'est cette idée qui se retrouve chez d'Holbach et la plupart des penseurs, épicuriens ou non, du dix-huitième siècle. L'idée de progrès est le fond même du libéralisme, et c'est pour cela qu'elle devait être affirmée avec tant d'énergie au dix-huitième siècle, à la veille de la grande revendication des libertés. Dans le mouvement qui emportait alors les esprits, nous avons vu quelle part énorme revient aux représentants de l'épicurisme. En politique et en morale sociale les épicuriens du xviiie raisonnent beaucoup mieux qu'en morale pure. Helvetius est franchement libéral, d'Holbach surtout est radical et attaque même avec virulence la royauté et ses inconvénients inévitables.

Dans la religion, les Épicuriens ne sont pas moins novateurs ; il est même curieux de voir, dans toute l'histoire de la doctrine épicurienne, ses représentants en hostilité directe ou indirecte avec la religion reçue. Le système de Hobbes est essentiellement irréligieux ; n'était la volonté du prince qui vient la maintenir fort à propos, la religion courrait grands risques. Hobbes attaque les miracles, et d'autre part il ne donne à la religion d'autre « semence naturelle » (*semen naturale*) que la crainte, l'ignorance et, en un seul mot, « un penchant inné chez l'homme vers les conclusions hâtives. » Le vénérable Gassendi lui-même, qui ne s'est jamais départi d'un grand respect pour la religion dont il était prêtre, ne disait-il pas en parlant de son maître Épicure : « Si Épicure assista à quelques cérémonies religieuses de son pays tout en les désapprouvant au fond du cœur, sa conduite fut jusqu'à un certain point excusable. Il y assistait, en effet, parce que le droit civil et l'ordre public exigeaient cela de lui : il les désapprouvait, parce que rien ne force l'âme du sage de penser à la façon du vulgaire... Le rôle de la philosophie était alors de penser comme le petit nombre, de parler et d'agir avec la multitude. » On ne peut s'empêcher de croire qu'en écrivant ces lignes Gassendi faisait quelque retour sur lui-même et pensait à son siècle non moins qu'à celui d'Épicure.

Quant aux Épicuriens du XVIIIe siècle, ils lèvent tout à fait le voile. La Mettrie, Helvétius et d'Holbach attaquent ouvertement la religion. Dans quatorze longs chapitres du *Système de la nature*, d'Holbach, avec une audace que bien peu de philosophes avaient eue jusqu'alors, s'efforce de renverser l'idée de Dieu sous toutes ses formes. C'est en grande partie sur l'épicurisme que le XVIIIe siècle appuie son incrédulité. Comme on le voit, les disciples sont allés plus loin que le maître, trop loin peut-être, car ils n'ont pas vu que, le sentiment religieux existant en fait, il fallait compter avec lui, qu'il représentait une tendance, légitime ou non, de la nature humaine et que la philosophie devait chercher à le satisfaire dans une certaine mesure.

En résumé, les doctrines épicuriennes ont exercé une influence incontestable sur le développement de la pensée humaine. Dans les sciences naturelles, le système cosmologique de Démocrite et d'Épicure semble triompher de nos jours. Dans les sciences morales et sociales, les doctrines dérivées de l'épicurisme sont également plus puissantes qu'elles ne l'ont jamais été. En ce moment même l'école anglaise est en train de relever, en face du stoïcisme restauré par Kant, un épicurisme renouvelé par les données de la science moderne. Que de vieilles idées et de préjugés enracinés dont l'épicurisme a contribué à débarrasser le domaine moral ! De même, nous l'avons vu, dans le domaine religieux Épicure a travaillé plus qu'aucun autre philosophe de l'antiquité à affranchir la pensée humaine de la croyance au merveilleux, au miraculeux et au providentiel. Bien avant la venue du christianisme, il s'était déjà attaqué à la religion païenne et l'avait réduite à l'impuissance. C'est encore de nos jours l'esprit du vieil Épicure qui, combiné avec des doctrines nouvelles, travaille et mine le christianisme. Parmi les libres penseurs d'aujourd'hui, combien méritent ce nom d' « Épicuriens » sous lequel les Pères de l'Église et les Juifs englobaient déjà les libres penseurs d'autrefois !

95

{1}. cf Diogène Laerce, dans *Les Vies des plus illustres philosophes de l'antiquité*

{2}. Jean-Marie Guyau, *La Morale d'Épicure et ses rapports avec les doctrines contemporaines.*

{3}. Ce chapitre et les suivants sont issus des travaux de Jean-Marie Guyau, dans *La Morale d'Épicure et ses rapports avec les doctrines contemporaines.*